프랑스어 문법사전

정일영 지음

신아사

머리말

이 책의 주요 목적은 프랑스어의 주요 발음과 철자 기호, 그리고 문법과 문장의 통사적 기능 중 핵심 사항들을 정리하고 여기서 제기될 수 있는 문제점들을 알아보는데 있다.

각 단계별로 다루어지는 주요 내용을 살펴보면 다음과 같다.

먼저, 발음에서 가장 중요시 되는 음소체계를 시작으로 모음을 구성하는 기본 구조를 살펴보고 발음 중 혼동하거나 틀리기 쉬운 철자들을 예와 함께 정리하였다. 자음의 경우 구강 구조와 기관과 관련한 발음체계를 중심으로 구분하였으며 철자에 따라 다르게 발음되는 요소들을 요약 정리하였다. 또한 두 단어 이상으로 구성된 문장의 경우 반드시 알아두어야 할 연독에 대해서도 언급하였다.

철자기호에서는 프랑스어에 존재하는 특수 기호들에 대한 특성과 기능을 상세히 적었다. 프랑스어로 작문하는 경우 우리가 쉽게 간과할 수 있는 철자기호들의 다양한 기능은 올바른 문어체를 구사할 수 있게 한다는 점에서 매우 중요하다고 할 수 있다. 또한 구두기호 역시 운율적 기능과 통사적 기능, 그리고 의미적 기능으로 구분하여 보다 완벽한 프랑스어 작문을 구사할 수 있는 능력을 갖출 수 있도록 하였다.

문법의 경우 기존에 우리가 알고 있던 사항들은 물론 문제가 제기될 수 있는 부분들에 대해 품사별로 구분, 보다 상세히 적어놓았다. 또한 특정한 품사들의 경우 형태상의 특징으로 인해 혼동될 수 있는 경우들을 감안하여 상세한 부연설명을 하였다. 그리고 세 번째 부분에서는 문장의 통사적, 의미적, 음성적 기준을 중심으로 문장을 정의하는데 있어 발생할 수 있는 근본적 문제들을 제시하였다.

또한 대체, 삭제와 첨가 그리고 이동 등과 같은 통사적 기능을 통해 기본문장과 확장문장과의 통사적 상관관계를 짚어보았다. 또한 학생들이 가장 어렵다고 생각하고 있는 관계절을 중심으로 기본 개념과 그 종류 등을 예를 들어 설명함으로써 관계절에 대한 이해를 높이고자 하였다.

방대한 분량의 내용을 가능한 한 요약, 정리하고 문제시될 수 있는 점들을 지적함으로써 보다 완성된 프랑스어 학습능력을 배양시키고자 하는 것이 이 책의 목적이지만, 아직 미흡한 점이 많이 있다는 것을 느끼게 되었다. 그럼에도 불구하고 프랑스어를 공부하는 사람들에게 조금이나마 도움이 되었으면 하는 바람이다.

정 일 영

목차

두 번째 부분 — 프랑스어 문법

세 번째 부분 — 문장의 유형 및 기능

첫 번째 부분

발음 철자 및 구두기호

1. 발음(La Prononciation)

프랑스어의 음소들(Phonèmes du français)

다른 언어와 마찬가지로 프랑스어도 고유의 발음체계를 가지고 있다. 이 소리체계에 가장 기본이 되는 것이 음소(phonème)이다. 음소들은 발음 되는대로 씌어지지는 않지만 원칙을 알아두면 편리하다. 프랑스어에서 철자, 즉 알파벳은 26개이고, 36개의 음소(이 중 3개는 아직도 논쟁이 계속되고 있거나 점차 사라지는 추세이다)가 있다. 음소의 전체적인 구도는 다음과 같다.[1)]

모음(voyelles)		자음(consonnes)	
i	le nid, la pie	p	le père, le pape
e	le nez, le thé	b	beau, bœuf
ɛ	il naît, la mer	t	trop, tout
y	tout nu, du jus	d	le dos, doux
ø	un nœud, un jeu	k	un cas, coups
oe	l'heure, l'œuf	g	un gars, du goût
u	nous, un bout	m	la main, c'est mou
o	un seau, deux mots	n	un nain, la haine
ɔ	la note, la mode	ɲ	un signe, un pagne
a	il bat, quatre pattes	f	un fou, une folle
ɛ	un brin, un pain	v	c'est vous, il vole

1) 이 도표는 국제 음성학회(L'Association phonétique internationale)에서 제정된 것이다.

모음(voyelles)		자음(consonnes)	
ɔ	un bond, un don	s	un sot, la hausse
ã	un banc, un gant	z	le zoo, il ose
문제가 있는 모음들		ʃ	un chou, une huche
ə	je, la mesure	ʒ	la joue, cher ange
ɑ	bât, la pâte	l	le loup, très lent
œ̃	un, brun	R	la raie, un rang
		j	un lien, la houille
		ɥ	lui, huit
		w	oui, la loi

◗ 각 모음들은 다음 네 가지의 기준에 의해 정의된다.

	앞쪽(ant rieur)	앞쪽/ 순음화	뒤쪽(순음화)
구강(입)			
닫힘	i	y	u
반쯤 닫힘	e	ø	o
반쯤 열림	ɛ	oe	ɔ
열림	a		
비강(코)			
반쯤열린	ɛ	oe	ɔ
열린		ã	

- 구강(aperture)의 넓이의 정도
- 발음되어지는 장소(앞쪽인가 아니면 뒤쪽인가)
- 입술에 의해 형성된 동혈(洞穴 : cavité)의 길이와 같은 입술(labial)의

공명(共鳴)이 첨가 되는가 되지 않는가(원순 모음 voyelle arrondie인가 아닌가)

- 코소리(nasal)의 공명이 있는가 없는가(비모음 voyelle nasale인가 아닌가)

위의 도표는 숨을 쉬는 기도(cavité buccale)이 모음들이 발음되어지는 순간의 폭의 간격과 혀의 위치에 따라 모음들을 구분해 놓은 것이다.

- i : 높고 앞쪽에서 나는 소리
- u : 높고 뒤쪽에서 나는 소리
- a : 아래쪽과 가운데 쪽에서 나는 소리

위의 세 가지 모음들의 발음되는 순간의 위치를 프랑스어에서 모음의 삼각구도(triangle vocalique)라 부른다.[2)]

혀(langue)는 가장 닫혀진 소리들(즉, 입천장에 가장 가까이 붙어 나는 소리들)에 대해 앞쪽(i) 또는 뒤쪽(u)으로 이동시킬 수 있다. a와 같이 가장 열린 소리의 경우 혀는 입 밑쪽에 붙게 되며 더 이상 높이에 있게 되지 않는다. 이런 이유로 해서, 위에서 언급했던 발음의 삼각구도가 뒤바뀌게 되며 그 결과로 두 개의 a가 존재하게 된다. 앞쪽에서 나는 a와 뒤쪽에서 나는 ɑ. 다른 한편으로, u는 o 보다 약간 앞쪽에서 소리가 나며, 그 결과 삼각구도는 한층 더 불규칙해진다. 프랑스어 발음체계에서 두 개의 구강단계가 존재하는데 닫힌 é인 e, 그리고 열린 é인 ɛ가 그것이다.

---

2) 상세한 내용은 다음을 참고바람. Martin Riegel, Grammaire méthodique du français, PUF, 1994, p.42.

1) 모음

① i e, ɛ, a

이 발음들은 입술을 동그랗게 하지 않고 앞쪽에서 나는 소리이며, 특히 i와 같이 가장 닫힌 소리의 경우가 이에 해당한다.

② y, ø, oe

이 소리들은 앞쪽에서 나는 동시에 입술을 동그랗게 오므려나는 소리로서 다른 언어에서는 흔히 볼 수 없는 프랑스어에만 있는 특징적인 발음들이다.

③ u, o, ɔ, ɑ

이것은 항상 구강의 순서에 따라 입술을 동그랗게 하고 뒤쪽에서 나는 소리들이다. 그러나 u는 o 보다. 뒤에 있지 않으며, 오히려 동등하거나 약간 앞쪽에서 나는 소리이다.

④ ɛ̃, oẽ, ɔ̃, ɑ̃

비모음들은 입천장을 내림으로 나는 소리들로 특징지어진다. 이 모음들은 두 개의 구성성분을 가지고 있는데, 하나는 가장 열린 모음인 ɛ, oe, ɔ, a의 것과 거의 유사한 구강구조에서 나는 발음이며, 다른 하나는 코의 관을 통해 나가는 공기 덕에 비음의 공명이 동일하다.

⑤ 주의사항

a) e : 모음 중 두 가지 이상의 소리가 나는 경우

e	ɛ	vrai maison
	e	café les
	ə : 자음 + e + 자음 + 모음	je demander

b) 모음 + 모음

o	au, eau	automne	cadeau
	o + s + 모음,ô	rose	hôpital
ε	ai, ei	maison	seize
u	ou	couleur	douze

• 하나의 소리가 나는 경우

wa	oi, oy	quoi	voyager

• 비모음

ɛ̃	im, in, aim, ain, ien, oin, éen	inviter faim chien loin coréen
ɑ̃	am, an, em, en	dans campagne enfant décembre
õ	om, on	combien onze pont

2) 자음(les consonnes)

폐쇄음(occulsive)	순음(labiales)	치음(dentales)	구개음(palatales)
묵음(sourde)	p	t	k
유음(sonores)	b	d	g
비음(nasales)	m	n	ɲ
마찰음(constrictive)	순치음	치조음	선구개음
묵음	f	s	ʃ
유음	v	z	ʒ
	구개음	연구개음	
측음	l		
울리는 음		R	
반자음(semi-consonnes)			
	구개음	구개음/순음	연구개음
	j	ɥ	w

① 폐쇄음(occulsive)

a) 양순음(bilabiales) : p, b, m과 치음(dentale) t, d, n

양순음은 양 입술이 붙었다가 허파로부터 나온 공기가 밖으로 나갈 때 갑자기 입술이 떨어져서 나는 소리이다. 반면 치음은 혀의 끝이 윗니 바로 뒤에 위치해있는 공간에 자리 잡아 나는 소리이다. 두 개의 소리는 소리가 울리지 않는 p, t와 소리가 울리는 d, d가 대립된다. 두 개의 콧소리 m, n은 원칙적으로 유성음이므로 b, d와 동일하며 코의 공명이 일어난다.

b) 경구개 치경음(palato-vélaire)

k, g는 특히 음성학적 환경에 민감하다. 예를 들어 coup, goût와 같은 뒤에서 나는 모음 앞에서 나는 치경음인 반면 qui, Guy와 같이 앞에서 나는 모음이라는 점에서 경구개음이다. mignon의 경구개 비음인 ɲ은 점점 더 다

른 구성원들과 분리되어지는 경향이 있다. 그리고 ɲ발음은 standing에서처럼 영어에서 차용해 온 단어의 어미에서 찾아볼 수 있다.

② 협착음(constrictives)

a) f, v

순치음(labiodentale)에서, 아랫입술은 윗니와 완전히는 아니지만 근접하며 입김소리가 나면서 만들어지는 소리다. f는 묵음이며, v는 유음이다.

b) s, z

휫바람 소리로서 혀의 끝과 윗니 뒤에 위치한 구개음간의 접근에 의해 나는 소리이다. s는 묵음이고 z는 유음이다.

c) ʃ, ʒ

슈음을 발음해서 나는 소리로서, b 보다는 뒤쪽에서 나는 소리이지만 양순음의 울림으로 구분된다. 이 두 개의 원순자음에서, ʃ는 묵음이고, ʒ는 유음이다.

d) j ɥ w

이것은 <반자음>소리들이다. 사실 이것은 자음임에는 분명하지만, 비비면서 나는 소리를 변형시킨 것인데 가장 닫혀진 세 개의 모음들에 해당한다.

- j는 i에 해당한다 : i처럼 앞쪽에서 소리가 난다.
- ɥ는 y에 해당한다 : 앞쪽에서 나며 입술을 동그랗게 오므린다.
- w는 u에 해당한다 : 뒤쪽에서 나며 입술을 동그랗게 한다.

③ l <> R

측자음인 l은 원칙적으로 유음인데, 현대 프랑스어에서는 설단음이다. 혀의 끝이 입천장에 달라붙는다. /r/은 진동이 되어나는 자음으로 지역에 따라 매우 다르게 나타난다. r은 혀를 굴리면서 나기도 한다.

3) 자음에서 유의해야할 사항들

① 두 가지 소리로 발음되는 자음들

<table>
<tr><td rowspan="3">c</td><td>+ e, i, y</td><td>s</td><td>cette ci</td></tr>
<tr><td>+ a, o, u</td><td rowspan="2">k</td><td>campagne combien</td></tr>
<tr><td>+ 자음</td><td>classe craie</td></tr>
<tr><td rowspan="3">g</td><td>+ e, i, y</td><td>ʒ</td><td>gentil rouge</td></tr>
<tr><td>+ a, o, u</td><td rowspan="2">ɡ</td><td>gare gâteau</td></tr>
<tr><td>+ 자음</td><td>glace</td></tr>
<tr><td rowspan="2">s</td><td>s</td><td>s</td><td>samedi semaine</td></tr>
<tr><td>모음 + s + 모음</td><td>z</td><td>rose anglaise</td></tr>
</table>

• c + h + a, e, i, u : ʃ chaud chanter

② 철자는 다르지만 같은 발음이 나는 자음들

<table>
<tr><td rowspan="3">s</td><td>c + e, i</td><td>ceci cinéma</td></tr>
<tr><td>ç</td><td>garçon</td></tr>
<tr><td>s + 모음, s + s</td><td>sac salut</td></tr>
<tr><td rowspan="3">k</td><td>c + a, o, u</td><td>café cadeau</td></tr>
<tr><td>k</td><td>kilo</td></tr>
<tr><td>qu</td><td>qui que</td></tr>
<tr><td rowspan="2">ʒ</td><td>g + e, i</td><td>gentil rouge</td></tr>
<tr><td>j</td><td>je japonais</td></tr>
<tr><td rowspan="2">f</td><td>f</td><td>facile finir</td></tr>
<tr><td>ph</td><td>photo</td></tr>
</table>

• 모음 + s + 모음과 z는 z 발음

◖ 연독(liaison)

의미관계가 밀접한 두 단어 사이에서, 단어의 마지막 철자가 자음으로 끝나고 뒤에 오는 단어의 첫 철자가 모음(a, e, i, o, u)이거나 묵음의 h인 경우, 앞 단어의 소리 나지 않던 끝 자음의 발음이 살아나는 현상을 연음이라고 한다. 이때 몇 개의 자음들은 발음이 다르게 난다.

• 앞에 단어의 끝이 s나 x로 끝나면 z로 발음된다.

les‿étudiants [lezetydjɑ̃] dix‿ans dizɑ̃

• 앞의 단어의 끝이 d로 끝나면 t로 발음된다.

Quand‿il arrive, [kɑ̃til]

• f 는 숫자 9를 나타내는 neuf의 경우에 v로 발음된다.

neuf‿heures [nœvœ]ːr

① 연음이 의무적인 경우(obligatoire)

a) 한정사(déterminant) + 명사(nom)

les‿amis [lezami], mon‿ami [monami]

b) 형용사(adjectif) + 명사(nom)

les petits‿enfants, trois‿hommes

c) 인칭대명사(pronom personnel) + 동사(verbe)

ils‿ont mal, vous‿aimez la musique?

d) 부사(adverbe) + 명사(nom)

C'est très‿aimable.

e) 고정적인 표현(formules figées)

les‿États-Unis, de temps‿en temps

② 연음이 금지된 경우(interdit)[3)]

a) r뒤에 오는 자음 다음에

le nord-est, elle court assez vite.

b) 유음의 h뒤

les Halles, des haricots, des héros

☑ héros의 경우, 연음을 하면 des zéros와 혼동의 우려가 있다. 반면 여성형인 héroïnes의 경우는 연음을 한다. → deshéroïnes

c) onze, oui, yaourt, yoga 단어 앞

Il est onze heures.

d) et 다음

Elle est belle et / élégante. lui et / elle

---

3) 의문사의 경우, 연독을 하지 않으나, 많이 쓰이는 경우는 예외
• Comment est-il?(X) • Comment allez-vous? Quand est-ce que..(0)

2. 철자기호(Signes Orthographiques)

프랑스어의 철자기호는 특성의 선택(로마체, 이탤릭체) 크기(대문자, 소문자)에 따라 다양하다. 이들은 모음 위에 붙는 accents과 음소(phonèmes) 또는 단어들을 구분하는데 도움을 주는 보조기호들(trëma. cédilles)에 의해 보다 완벽해 질 수 있다.

◖ 첫 글자(capitale), 대문자(majuscules), 소문자(minuscules) 그리고 accent

주어진 특성의 유형에 따라 철자의 크기가 다양할 수 있다. 실용면에서 대문자와 첫 글자는 구분할 필요가 있다.

• 첫글자

예를 들어 책의 제목과 같이 조그마한 글자로 쓰여진 철자와 구분되는 커다란 철자들이 연속해서 나열된 경우이다.

DEPUTE, LEÇON, ...

• 대문자

소문자와 비교하여 크기가 더 큰 단어 첫 번째에 위치하는 철자이다.

Il est ... Elle est ...Le garçon est ...

1) 대문자의 용법

① 통사적 역할

대문자는 구두점과 관계를 맺는 중복적인 통사적 구두점의 기호이다. 대문자는 어떤 글의 처음(첫번째 단어) 또는 구두점 뒤(의문부호, 감탄부호)에서 문장의 처음을 나타낸다.

② 구분적 역할

• 대문자는 고유명사(nom propre)와 보통명사(nom commun)를 구분한다.

l'Asace, Strasbourg.

• 대문자는 국가를 나타내는 명사(la Corée)와 그 국가 국민(le Coréen), 그리고 그 나라 언어(le coréen)의 차이를 보여준다.

• 거리를 나타내는 명사(rue des Pucelles), 합쳐진 단체(le Conseil de l'Europe)등에 쓰인다.

• 문학작품의 제목 또는 예술작품명에 사용된다.

Germinal, Le Rouge et le Noir, le Requiem de Mozart.

☞ 작품명이 하나의 문장으로 되어 있는 경우, 첫 번째 단어에만 대문자를 사용한다.

Quand passent les cigognes.

• 記述者가 주관적으로 판단하여 중요하다고 생각하는 단어를 강조하기 위해 사용한다.

Monsieur le Président de la République, la Révolution française

la Première Guerre mondiale

2) les accents

accents은 프랑스어에서 어떤 모음(voyelles)들에 위치하면서 accent이 없는 모음들과의 발음상의 차이(é, è, ê, v,s e)를 나타내거나 단어들 사이에 구분(전치사의 à vs 동사 avoir의 a)을 짓기 위해 사용된다.

① accent aigu

오로지 모음 e위에만 위치하며 음색이 닫혀있음을 나타낸다.

• 열린 철자음절로 된 단어 내부에 있는 e에 나타난다.

médecin, étudiant

• 열린 마지막 e 또는 s앞에 나타난다.

beauté, étés

• 닫힌 철자음절이나 마지막 d, f, r, z 앞에 있는 e에는 나타날 수 없다.

essentiel, pieds, clef, chanter, nez, parlez

② accent grave

모음 a, e, u에만 사용된다.

• e위에 붙어서 단어 내부와 s앞의 마지막 음절의 열린 철자 음절에서 열린 /에/소리를 나타낸다.

achète, chère, mère, après, succès

• e위에 붙어 전치사 dès와 관사 des를 구분해 준다.

• a와 u에 쓰여 소리가 같고 뜻이 다른 경우를 구분하기 위해 사용된다.

- 전치사 à vs 동사 avoir의 a, 관사 또는 대명사 la vs 부사 là,
- 접속사 ou vs 부사 où

③ accent circonflexe : y를 제외한 5개의 모음에 사용된다.

a) 표음문자(phonogramme)적 가치

circonflexe는 장모음을 나타낸다.

• et와 열린 ê vs 짧고 accent grave 또는 두 개의 자음 앞에 있는 e와의 구분

fête, rêve vs sème, belle

- 중복된 같은 자음 앞에 있는 단모음과 대립되는 닫힌 ô

  côte, pôle vs bonne, comme, cote

b) 표기문자(morphogramme)적 가치

- 동사의 어근에 남아있다.

  ôter, câbler, mâcher

- âtre와 같은 일련의 접미사에 남아있지만, 파생어의 경우 기본형태의 단어에 있는 circonflexe가 항상 남아있는 것은 아니다.

  assurer, coteau, déjeuner, indu

- 동사 형태에서 단순과거 2인칭과 1인칭 복수에 주로 남아있으며, 3인칭 단수의 경우 단순과거의 접속법 반과거와는 구분된다.

  nous chantâmes, fût, vînt vs fut, vint

c) 표어문자(logogramme)의 철자적 구분을 확실히 해준다.

- dû / du ; crû / cru ; mûr / mur ; sûr / sur
- côte / cote ; rôder / roder ; nôtre / notre
- forêt / foret ; pêcher / pécher
- châsse / chasse ; tâche / tache
- jeûne / jeune ;(une) boîte /(il) boite

3) cédille

15세기 말에 나타난 cédille는 어원적으로 스페인어에서 밑에 쓰인 z였던 철자 z의 이름의 指小詞였다.

- 소문자 c의 형태에서, cédille는 a, o, u 앞에 있는 c밑에 붙어 c가 발음 /s/라는 것을 표 기해준다.

  aperçu, ça, leçon, reçu.

• e, i, y 모음 앞에서 철자 c는 /s/임을 나타내기 위해 cédille대신 사용된다.

cent, ces, ciel,

4) tréma

tréma는 철자군의 분리와 이들이 분리되어 발음된다는 것을 나타내기 위해 모음 e, i, u 위에 쓰인다. 일반적으로, tréma는 철자군의 두 번째 요소에 위치하면서 앞에 있는 모음과 분리되어 발음되어야 한다는 것을 나타낸다.

` aïeul, naïf, ouïr

① 근본적으로 i로 끝나는 철자군에 나타난다.

ambiguïté, haïr, héroïne

• 특히 앞에 있는 모음과 분리되어 모음 사이에 놓인 반자음 yod를 나타낸다.

aïeul, faïence

② e위에 위치하여, ae, oe와 발음을 분리시키는 역할을 한다.

canoë, Israël, Noël

③ -guë로 끝나는 경우에 tréma는 /gy/발음을 나타내며(aiguë, ambiguë) /g/발음을 제거한다(figue).

• 여기서 g와 분리되는 것은 u이므로, tréma는 묵음의 모음 e위에가 아니라 모음 u위에 위치해야 한다.

aigüe, ambigüe

• 게다가 이런 이유로 해서 gageüre, argüer에다 tréma를 덧붙여야 한다는

것이 철자교정 본에서 제시하는 사항이다.

④ tréma는 u위에 사용되는 경우가 드물다.

Esaü, Saül.

• 철자 h 또한 u와 앞에 있는 모음과의 분리를 확실하게 해준다.

cahute

• 또 h는 단어 내부에서 모음들의 발음의 분리를 유도하는 역할을 담당할 때 tréma와 유사하다.

ahuri, cahier, souhait, trahir

5) apostrophe

이것은 모음이나 묵음의 h로 시작하는 단어 앞에 위치하여 어떤 단어의 마지막 모음을 발음상에서 삭제시키는 기능을 한다.

l'ami, l'homme, s'il vous plaît.

apostrophe는 철자의 위 오른쪽에 위치하고 삭제된 모음을 대신하는데 흔히 e 또는 a, i 그리고 예외적으로 u 또는 다른 철자를 대체한다.

삭제된 모음	삭제된 단어들	삭제되어진 모음 뒤에 단어
e	ce, je, me, te, le, se, de, ne, que ...	모든 모음
a	la(관사, 대명사)	모든 모음
i	si	il
u	tu	모든 모음

6) trait d'union

히브리어에서 차용된 trai d'union은 수평으로 작은 선(-)의 형태로서 단어의 분리 또는 연결을 표시해준다.

① 인쇄상의 역할 : 한 줄의 끝에 있는 단어가 끊어진 것을 의미한다.

a) 한 단어가 한 줄에서 끊어져선 안 되는 경우

- apostrophe 다음에
- 처음에 있는 모음 홀로 또는 마지막에 있는 모음 혼자
  a-paiser, cré-e
- 두 개의 모음 사이 또는 다른 두 개의 자음 사이
  règ-lement
- 두 개의 자음을 나타내는 -x- 사이, ks, gz 그리고 선행하는 모음
  taci, e-xamen
- 두 음소에 해당하는 모음 사이에 놓인 -y-앞 또는 뒤
  crayon, payer

b) 단어의 단절이 허용되는 경우

- 복합단어
  grand-père
- 동일한 두 개의 자음 사이
  col-lègue, gram-maire, vil-lage
- x-, -y-와 앞선 모음 사이에 이 철자들이 하나의 음소단위인 경우
  di-xième

② 어휘적 역할

자유롭게 형성된 복합단어 또는 고정된 표현의 단어들에서, trait d'union은 언어학적 단위를 나타낸다. arc-en-ciel, timbre-poste, coffre-fort, trait d'union은

요소들의 결합에 해당하는 복합형태의 어휘화를 나타낸다. 그러나 복합된 단어들의 철자들에 항상 trait d'union이 사용되는 것은 아닌데, 특히 전치사가 개입된 경우가 그러하다.

→ pomme de terre, mot à mot, eau de vie.

③ 통사적 역할

a) 동사와 뒤따라오는 접사대명사(후치된 주어 또는 보어)

crois-tu, dit-il, allez-vous-en

☞ 단 대명사들이 뒤에 부정법(infinitif)이 오는 경우는 제외

viens le voir

b) 인칭대명사와 même사이

moi-même

c) 3인칭 단수 형태의 동사와 후치된 주어 il, elle, on 사이에 개입된 발음 편의상 개입된다.

chante-t-elle

☞ 그러나 va-t'en의 경우 t'가 축약된 인칭대명사 te를 나타낸다.

d) 지시대명사와 지시형용사에 결합된 ci와 là

celui-ci, celles-là

3. 구두기호(Signes de Ponctuation)

◖ 프랑스어에서 구두기호는 세 가지 기능을 갖는다.

1) 기능

① 운율적 기능(fonction prosodique)

구두기호는 목소리, 리듬, 억양 그리고 문장의 멜로디의 휴지(pause)를 나타낸다.

a) 휴지

구두점은 중요한 휴지(흔히 문장의 마지막)을 나타내고, point-virgule은 중간의 휴지, 그리고 virgule(,)는 짧은 휴지를 나타낸다.

b) 억양과 리듬

의문문에는 여러 개의 억양 곡선이 있으며, 감탄문 역시 말하는 사람의 감정(기쁨, 분노 등)에 따라 억양의 변화를 갖게 된다. 의문부호(point d'interrogation)와 감탄부호(point d'exclamation)는 구어의 이런 특성들을 반영하는 기능을 한다.

② 통사적 기능(fonction syntaxique)

구두기호의 통사적 기능은 분리와 묶음의 기능에 근거하는데, 사용되어지는 정도에 따라 다음 세 가지로 구분된다.

a) 단어들의 분리 : 동격, 공백, trait d'union

단어는 두 개의 공백에 둘러싸인다.

b) 句의 내부 제한

• virgule와 point-virgule는 문장의 요소들을 분리시킨다.

César boit du pastis, Fanny, une grenadine.

• 인용부호(guillemet), 괄호(parenthèse) 그리고 대괄호[ ], 두 개의 대시(– –)는 기본 문장 속에 문장이나 문장의 어떤 요소의 삽입을 나타내면서 대화의 변화를 나타낸다.

• 콜론(:)은 특별한 역할을 가지고 있는데, 삽입되어지는 문장이나 구, 또는 앞에 선행하고 있는 문장들에 대한 설명이나 예를 들기 위해 그 다음의 연속되는 것을 암시하면서 사용된다.

La vague de vacartme retomba ; quelque embarras de voitures.

c) 구의 제한

기호들은 문장들 사이를 분리하는데 사용된다. 대문자는 문장의 처음을 나타내며, 여러 가지 구두점들(point, point-virgule, point d'interrgation, le point d'exclamation)은 문장의 끝을 나타낸다.

③ 의미적 기능(fonction sémantique)

구두기호는 글에서 중첩되는 정보의 요소들을 덧붙이거나 단어와 문장들의 의미적 역할을 보충해주는 기능을 한다.

a) 양태의 표시

문장의 마지막에 있는 구두점은 때때로 문장의 유형을 나타내주는 유일한 방법이다(서술문, 의문문, 감탄문).

Il pleut. Il pleut! Il pleut?

b) 문장의 의미 분석

구두점은 주제와 목적에 따라서 문장의 의미적 단절을 명확하게 해줄 수 있다. virgule는 동격을 부가사와 구분하게 해주거나 한정적 관계와 서술적 관계의 차이를 구분해 준다.

Et l'on vit apparaître le faune,
Hérissé, noir, hideux, et cependant serein.

c) 언표의 구분

언표기호(guillemet, tirets doubles), 이중의 virgule와 괄호는 대화의 변화를 나타내준다(삽입, 요약문).

J'ai heurté, savez-vous, d'incroyable Florides. Il sort de la silhouette une voix qui répète(pas crie : qui dit).

2) 구두기호의 종류

① point, point-virgule, virgule

a) point

단순문장 또는 복합문장의 끝을 나타낸다. 그 뒤에 오는 단어는 대문자로 시작해야 한다. 우린 문장을 정의하기 위해 대문자와 point을 연관짓는데(문장이란 대문자로 시작하고 point으로 끝난다) 그러나 point은 전형적인 문장에 해당하지 않는 분할체들을 고립시키고 그 결과 문맥적으로 삭제의 결과를 초래하게 한다.

Le jeu est dangeureux. Je suis sûre que nous avons laissé des traces. Par ta faute. Nous en laissons chaque fois.

☞ 이것은 특히 현대문학에서 문장의 한 부분을 강조하고자 하는 경우에 사용된다.

Seule Hélène Lagonelle échappait à la loi de l'erreur. Attardé dans l'enfance.

b) point-vigule

point과 vigule사이의 중간적 휴지를 나타낸다. 이런 사실 때문에 point-virgule는 양쪽의 특성을 모두 갖는다.

Il arriva un jour vers trois heures ; tout le monde était aux champs; il entra dans la cuisine, mais n'aperçut point d'abord Emma; les auvents étaient fermés.

☞ point-virgule는 독립절(병립 또는 등위절)을 분리할 수 있는데, 그러나 문장을 종결지을 수는 없기 때문에 뒤에 대문자가 뒤따르지 않는 문장이어야 한다. 따라서 point-vigule에 의해 분리된 절은 기본문장에서 반드시 분리되어지는 하나의 단위를 형성하지는 않는다.

Exister, c'est être là, simplement; les existants apparaissent, se laissent rencontrer, mais on ne peut jamais les déduire.

c) virgule

virgule는 약한 휴지를 나타낸다. 이것은 프랑스어에서 가장 많이 쓰이는 구두점이다.

ⓐ **virgule는 같은 기능을 갖는 용어를 분리시킨다.**

• 등위절은 등위접속사와 virgule을 사용한다. 다음의 경우, 등위접속사(et, ou, ni)도 충분하다.

Nous sortîmes par la porte de la cuisine et nous allâmes au préau, que l'obscurité envahissait déjà.

• virgule는 강조와 같은 의미적 기능을 강화하기 위해 사용되어질 수 있다.

Ah! sachez-le : ce drame n'est ni une fiction, ni un roman.

• virgule는 일반적으로 두 개의 절을 연결하는 mais앞에 위치한다. mais가 절이 아닌 두개의 요소를 연결하는 경우, virgule는 이들의 동격을 강조하기 위해 사용된다.

Il est nuit. La cabine est pauvre, mais bien close.

• 등위가 두 개 이상의 단어들로 이루어졌을 때, 등위접속사가 마지막 두 개의 단어의 사이에 위치하며, 다른 것들은 virgule에 의해 분리 된다.

Déterminatifs, phonogrammes et idéogrammes, telles les trois fonctions que peuvent assumer les signes hiéroglyphiques

• 등위접속사(ou, et, ni)가 세 개 또는 그 이상의 단어들에서 반복되는 경우, virgule는 첫 번째 등위접속사를 제외한 각 접속사 앞에 위치한다.

Eau, tu n'as ni goût, ni couleur, ni arôme, on ne peut pas définir, on te goûte, sans te connaître.

• 등위접속사가 없는 경우, virgule는 단어들 사이에 관계를 나타낼 수 있다.

Voici la vérité, le reste est imposture.

ⓑ virgule가 다른 기능을 가진 요소들을 분리시킬 때

virgule는 기능군을 고립시키는 기능을 한다. 일반적인 규칙에서, 고립된 구성성분은 두 개의 virgule사이에 놓이게 되는데, 단 문장의 처음과 끝이 이 구성성분의 한계중 하나와 일치하는 경우는 제외된다.

• 근본적으로 기본 문장의 일부분이 아닌 군들

apostrophe : Poète, prends ton luth et me donne un baise.

삽입절 : <Ce que j'ai fait, je le jure, jamais aucune bête ne l'aurait fait>

삽입된 절 : C'est un singe manqué, obervait Gauchère - C'est un miracle, reprenait Henriette la Gaultière

• 이차 서술어로 도입된 군

동격 : Au sous-sol, Victoire, dite Samothrace, la femme de Charlie, fait une lessive.

술어관계절 : L'absurdité de notre orthographe, qui est, en vérité, une des fabrications les plus cocasses du monde, est bien connue.

• 문장의 나머지와 분리된 군으로서 그 군의 통사적 위치가 일반적이지 않을 때 (문장의 앞 또는 뒤로 분리된 용어들)

La bête noire de Saussure, c'était l'arbitraire.

Ils sont fous, les Romains!

• 문장의 앞에 위치한 상황보어 또는 문장의 두 구성성분 사이에 있고 두 개의 virgule사이에 위치한 상황보어

Au-dessus du divan, un portulan occuperait toute la longeur du panneau.

Gérard rêvait, la nuit, qu'un crabe lui pinçait l'épaule.

• 문장의 앞에 위치한 명사 또는 동사의 보어

Sur la paix frémissante et cachée en lui comme son sœur, la douleur possédée refermait lentement ses bras inhumains.

• 문장의 앞에 위치한 종속절

Aussi quand le pianiste eut fini, Swann s'approcha-t-il de lui pour lui exprimer une reconnaissance dont la vivacité pleut beaucoup à Mme Verdurin.

• 삭제된 부분 뒤에 오는 다른 동사군 : virgule는 삭제된 요소의 흔적을 구성하는데, 일반적으로 문맥에 있는 용어와 동일하다.

Je ne sais plus ni qui, ni où j'étais.

• 반복되는 단어들이나 군

L'automne, l'automne merveilleux, mêlait son or et sa pourpre aux dernières verdures restées vives.

• virgule가 원칙적으로 금지될 때 : 통사적 관점에서 밀접하게 연관된 용어들 사이

· 주어와 동사

· 동사와 속사

· 동사와 목적보어(명사군)

· 명사와 명사의 보어

☞ 그러나 이 용어들 중 하나의 길이가 virgule를 사용해야 할 정도로 긴 경우, 주어와 동사 사이에 virgule를 쓴다.

Et puis l'avantage qu'il se sentait, qu'il avait tant besoin de sentir.

② 중단표(point de suspension ...)

중단표는 여러 가지 이유로 인해 문장의 중단을 나타내며, 완료되지 않은 상태의 중지를 나타낸다. 화자는 자신의 생각을 바꾸고 싶거나 정확한 용어를 찾기 위해 주저할 수 있다. 문장의 중단은 화자 자신에 의해서 또는 외부의 어떤 사건이나 상대방에 의해 생겨날 수 있다.

S'il vous plaît .... dessine-moi un mouton!

Hein!

Dessine-moi un mouton ...

중단표는 문장의 구어적 멜로디의 길이의 중단에 해당하지만 반드시 통사적 중단을 의미하지는 않는다. 이들이 나타내는 중단은 문장의 어느 장소에나 나타날 수 있다.

◖ 문장의 끝에 위치해서, 중단표는 운율적이면서 통사적인 휴지를 나타내는데 그러나 의미적으로는 연장을 표시한다. 소설가들은 독백에 중단표를 사용한다.

Est-ce que mon existence professionnelle est vraiment toute la vie? ... Est-ce même ma vie... Pas sûr...

◖ 중단표는 화자가 말을 할 때 리듬을 나타내는데, 수줍음 또는 분노, 슬픔과 같은 감정에 의해 특히 결정되는 부분에 사용할 수 있다.

Tout le monde est emballé par Les Fruits d'Or, à ce qu'il paraît...

◖ ( ) 또는 사이에 중단표가 쓰이면 인용이 생략된 것을 나타낸다. 또 중단표는 화자가 금지된 용어이던 아니던 간에 적고 싶지 않은 어떤 단어들을 대신에 사용될 수 도 있다.

La P... respecteuse

③ deux points(:)

이것은 서술적이면서 언표적인 역할을 가지고 있다. virgule또는 point-virgule를 대체할 수 있는데 이 때 앞에 있는 문장이나 용어와 의미적 또는 언표적 관계를 가지고 있는 용어를 도입하는 기호로 쓰인다.

• 인용 또는 그와 관계된 문장을 도입시킨다. 이것은 원래 기본 문장과 구분되는데 대문자로 시작해야만 한다.

Double V.C. Fièlds disait : <Quelqu'un qui n'aime pas les enfants ne peut pas être tout à fait mauvais.>

• 열거나 예문을 나타낸다.

Au sommet d'une haute montagne, se trouve un tas de cailloux. Au hazard des évévements : tempêtes, avalanches de neige, tremblement de terre.

• 그가 분리해낸 요소와 나머지 문장의 요소들 간에 설명, 결과, 대립, 제한 등 의존관계를 나타낸다. 이 경우, 우린 등위접속사를 쓸 수 있으며 deux-points을 virgule 혹은 point-virgule로 대체할 수 있다.

Le diplômé passe officiellement pour savoir : il garde toute sa vie ce brevet d'une science momentané et purement expédiente.

• 일반적으로 처음의 주제목과 서술적인 부분 사이의 분리를 나타낸다.

- 잡지 표지에서, deux-points은 thème와 propos를 분리 한다.

- Le politique et le religieux : un couple tumultueux.

☞ 요리책에서 deux-points은 뒤에 올 요리법을 나타낸다.

LAPIN AUX CACAHUETES : Tartiner généreusement 2 jeunes lapereaux de moutarde forte.

④ point d'interrgation et le point d'exclamation

• 이 두 개의 구두기호는 의문의 억양과 감탄의 억양에 해당한다. 그러나 또한 이들은 문장을 끝내느냐 그렇지 않느냐에 따라 point 또는 virgule의 기능을 하기도 한다. 이 구두기호들이 문장의 끝에 위치하면, 이 기호 뒤에 오는 문장들은 대문자로 시작해야 한다.

Une race naîtrait de moi! Comment le croire?

• 의문부호는 직접 의문문의 끝에 위치한다.

Connais-tu Pierre?

☞ 의문문 뒤에 삽입된 문장이 뒤따라오면 의문부호는 의문문의 끝에 위치하게 된다.

<Vous savez jouer? demanda le monsieur Kim.>

• 감탄부호는 여러 가지 문법적 구조를 가질 수 있는 감탄 억양을 나타낸다.

Sauve-toi! sauve-toi! mon enfant!

⑤ guillemets

이 부호는 언표의 단계를 변화시키는 것으로서 주로 인용문에 쓰인다.

• guillemets는 기본 텍스트에 삽입된 문장의 한계를 나타낸다.

☞ Le maître mot de la mode n'est pas : <Cela vous plaît?>, c'est : <Il faut>

• guillmets는 또 하나 또는 여러 개의 단어들을 고립시키는데 흔히 사용되어 이들을 강조한다.

☞ Car il y avait de Combray deux <côté> pour les promenades(...) Alors, <prendre par Guermantes> pour aller à Méséglise....

• 언표의 단계의 변화는 또한 단어 또는 표현의 독립적인 인용을 나타내기도 한다.

☞ On nomme <nébuleuse> toute tache lumineuse étendue...

• guillmets는 외국어에 속하는 단어나 단어군을 고립시킬 수 있다.

☞ Nous avons eu la <partition> de la Palestine au lieu de son partage, nous avons les <caches> d'armes quand il s'agit de dépôts ou de réserves.

⑥ parenthèses et crochets

• parenthèses는 또한 문장과 비교하여 비교적 짧은 어떤 요소의 삽입, 분리, 고립을 나타낸다. 열리고 닫히는 형태를 취해야 하며 삽입 · 분리 · 고립시키고자 하는 요소를 그 안에 넣게 되는데, 구어에서는 멜로디의 중단에 해당한다. parenthèses안에 있는 군은 자신이 삽입된 문장과는 독립적으로 그 고유의 멜로디를 갖게 된다.

☞ Il paraît...(mais soyez courageux, attendez-vous au pire) il paraît que le Temps par une nuit sans lune...

• 일반적으로 화자가 기본 문장에 직접적으로 거론하기에 좋지 않다고 생각하여 parenthèses안에 넣은 요소는 2차적인 중요성을 가지게 되며, 문장의 구문이나 의미에 영향을 미치지 않는다.

☞ Ce goût c'était celui du petit morceau de madeleine que le dimanche matin à Combray(parce que ce jour-là je ne sortais pas avant l'heure de la messe)...

• 각괄호(crochets droits)는 자체로 parenthèses를 포함하고 있는 어떤 군을 가두거나 같은 parenthèses안에 있는 군중에서 다른 가치를 갖는 군을 고립시키는데 사용한다. 후자의 경우 요즘 사전에서 이를 찾아볼 수 있다.

☞ PARENTHESE parãtɛz

• 각 괄호는 음성학적 기술에 사용되는데, 사전에서 발음을 나타내는데 사용되며, 이때 음운론적 기술의 기능을 갖는 사선(barre oblique)과 대립된다.

⑦ Les barres obliques

언어학에서 두 개의 구분되는 기능을 갖는다.

• 이분적 개념을 갖는 한 쌍에서 대립되어지는 두 개의 용어를 분리하는데 사용된다.

☞ Indicatif / Subjonctif; Langue / Parole

• 두 개의 사선은 음운론적 기술에 사용된다.

☞ /r/, /i/

⑧ le tiret

대화체에서, 어떤 인물의 말 중 응답을 하는 경우나 상대방의 변화를 나타낸다.

Comment ça va sur la terre? / Ça va, ça va bien.

tiret가 반복될 때 tiret는 parenthèses과 같은 기능을 한다. 이것은 문장에서 요약과 같은 것을 도입하는 어떤 요소(단어, 단어군, 문장)를 고립시키는데 사용된다. 그러나 parenthèses와는 달리 고립된 요소를 강조한다.

⑨ trait d'union

trait d'union은 두 종류의 기능이 있다.

• 단어의 수준에서, 합성된 단어의 어떤 요소들 사이에 연관을 나타내는데 사용된다.

• 문장의 수준에서, 단어가 한 줄의 끝에 놓여 분리되어야 하는 경우에 사용된다.

⑩ astérisque

문장의 수준에서 비문법적인 문장을 나타낸다.

La romaine armée

두 번째 부분

프랑스어문법

1. 명사(Le Nom)

명사(Le Nom)

명사는 살아있는 존재들(사람 또는 동물) 혹은 사물(구체적인 물건뿐 아니라 생각, 감정, 행위, 사건, 현상 등)을 나타낼 수 있다. 명사는 그 종류에 따라 다음과 같이 구분된다.[4)]

◖ 보통명사는 같은 종(種)에 속하는 모든 존재(사람 혹은 사물)를 나타내는데, 다음 세 가지로 구분될 수 있다.

◖ 셀 수 있거나 열거할 수 있는 가산명사(comptables)/ 셀 수 없는 집단명사(massifs)

가산명사 : des œufs 달걀, des pommes 사과들

집단명사 : de la farine 밀가루, du beurre 버터, du lait 우유, du sucre 설탕

◖ 살아있는 생물명사(animés)(사람 혹은 동물) <> 무생물명사(사물)(non animés)

생물명사 : des enfants 아이들, des chiens 개들, des chats 고양이

무생물명사 : des livres 책들, des tables 책상들

◖ 추상명사(abstraits) <> 구상명사(concrets)

추상명사 : la bonté 선행, la sagesse 지혜, le courage 용기

---

4) 일반적으로, "Qu'est-ce que c'est? 이것이 무엇입니까?"라는 질문의 답변에 해당하는 것이 명사이다. 명사를 구분하는 이유는 바로 관사의 용법과 밀접한 관계를 가지고 있다. 프랑스어에서 보통명사는 관사를 동반하는데, 명사의 종류에 따라 관사의 적용이 결정되기 때문이다. 예를 들어 추상명사나 집단명사의 경우, 부분관사를 사용해야 한다. 상세한 내용은 관사를 참고.

구상명사 : la table 책상, la chaise 의자

◖ 고유명사란 이 세상에 하나 밖에 없는 사람 혹은 사물을 지칭하며 대문자로 쓰며 한정사를 동반하지 않거나 제한된 한정사만을 허용한다.

1) 명사의 성(Le genre du nom)

명사는 특성에 따라 성은 남성(masculin) 혹은 여성(féminin)의 두 가지 성을 갖는데, 생물적 성과 문법적 성이 그것이다. 생물적 성이란 sexe에 의해 구분되어질 수 있는 것으로 사람 혹은 동물에 적용되는 반면, 문법적인 성은 사물에 적용되어지는 성이다. 무생물에 대한 성은 문화적인 요소에 의해 결정되어지기도 한다.[5]

a) 보통명사의 성

ⓐ 어미의 형태에 따른 구분

보통명사의 성의 경우, 어미(suffixe)의 형태에 의해 그 성을 특징지을 수 있는 것들이 있다.[6] 그러나 어미의 형태에 의한 성의 구분은 불완전한 면이 많다.[7]

남성	-age	le fromage 치즈 le courage 용기 le cage 새장
	-ail	le travail 일 le bail 임대계약 le vitrail 유리창
	-al	l'animal 동물 le journal 신문 le canal 운하

5) lune(달(月)), nation(국가), vérité(진실) 등은 프랑스인들에게 여성적인 이미지로 다가오는 반면, soleil(태양), le peuple(민족), courage(용기) 등은 남성으로 인식된다.

6) -isme, asme 등의 어미로 끝나는 명사들의 경우 남성인 반면, -ade, -ude로 끝나는 명사들의 경우 여성이다.

7) 예를 들어 특정명사에 첨가된 진짜 접미사(bavard 수다스러운 > un bavardage)와 라틴어에서 파생된 단순한 어미(une image)를 구분하기란 쉽지 않다. 또한 예외적인 경우가 많이 있다는 점 역시 어미를 통한 명사의 성을 구분에 있어서 어려운 점이기도 하다.

남성	-eil	le soleil 태양 l'appareil 기구 l'accueil 환대
	-ier	l'épicier 식료품가게주인 le fermier 농부 la pâtissier 과자 제조인
	-in	le gamin 남자아이 le matin 아침 le vin 포도주
	-is	le bois 숲 le pois 무게 le tapis 양탄자
	-isme	le communisme 공산주의 le capitalisme 자본주의
	-ment	l'appartement 아파트 le médicament 의약품 le bâtiment 건물
	-oir	le couloir 복도 le miroir 거울 le soir 저녁
여성	-ade	le promenade 산책 le bousculade 밀치기
	-aille	la bataille 전투 la paille 밀짚
	-ade	le promenade 산책 le bousculade 밀치기
	-aille	la bataille 전투 la paille 밀짚
	-ance	l'alliance 동맹 l'élégance 우아함 la danse 무용
	-ée	l'armée 군대 l'arrivée 도착
	-ade	le promenade 산책 le bousculade 밀치기
		la bataille 전투 la paille 밀짚
		l'alliance 동맹 l'élégance 우아함 la danse 무용
	-ée	
	-ence	la patience 인내 la prudence 신중
	-erie	la boulangerie 빵가게 l'épicerie 식료품가게 la librairie 서점
	-ette	la cigarette 담배 la fillette 계집애
	-ie	la jalousie 질투심 la philosophie 철학 la série 연속
	-aison	la comparasion 비교 la raison 이유
	-ion	la passion 열정 la nation 국가 la réflexion 숙고
	-té	la beauté 미 la bonté 선행 la santé 건강
	-ude	l'habitude 습관 la solitude 고독

ⓑ 어미의 변화

• 생물 명사를 여성형으로 만드는 경우 어미에 -e를 붙인다.[8)]

un étudiant 남학생 <> une étudiante 여학생

un ami 남자친구 <> une amie 여자친구

un Français 프랑스 남자 <> une Française 프랑스 여자

• 특별한 어미

-eur	-euse[9)]	chanteur 가수 - chanteuse	danseur 무용수 - danseuse
-teur	-trice [10)]	acteur 영화배우 - actrice	directeur 책임자 - directrice
-er	-ère	boulanger - boulangère 빵가게 주인	épicier - épicière 식료품가게 주인
-n	-nne	musicien 음악가 - musicienne	pharamacien 약사 - pharmacienne
-el -eau	-elle	jumeau 쌍둥이 - jumelle	chameau 낙타 - chamelle
-at -et -ot	-tte	chat 고양이 - chatte sot 바보 - sotte	cadet 동생 - cadette
-f	-ve	veuf 홀아비 - veuve	Juif 유대인 - Juive
-x	-se	époux 남편 - épouse	

8) -e를 붙이는 경우 남성명사와 여성명사의 발음이 변할 수도 있다. 구체적으로 남성명사의 어미가 자음으로 끝나는 경우 원칙적으로 발음이 되지 않지만, -e가 첨가됨으로써 발음이 살아나거나 또는 바뀌게 된다.
- un étudiant [etydjã] <> une étudiante [etydjãt]
- un Français [frãsɛ] <> une Française [frãsɛz]

9) -eur로 끝나는 경우 여성형에 -euse의 어미는 몇 가지 예외적인 것들이 있다.
- mineur 미성년자 mineurepécheur 죄인 pécheresse
- 사법용어들 : le defendeur 변호인 - défendresse, le demandeur 신청인 - demanderesse
- 종교적 집단 : le supérieur 수도원장 - supérieure

10) 동사 -ter(-tir)에서 파생된 명사의 -teuse가 된다. • porter 운반하다. porteur - porteuse • flatter 아첨하다 flatteur - flatteuse • mentir 거짓말하다. - menteur - menteuse

ⓒ 그 밖의 여성형들

• 어미가 -esse인 명사들

un compte 백작 - une comtesse	un dieu 신 - une déesse
un hôte 주인 - une hôtesse	un maître 스승 - une maîtresse
un prince 왕자 - une princesse	un tigre 호랑이 - une tigresse
un traître 배반자 - une traîtresse	un duc 공작 - une duchesse

• 남성과 여성의 형태가 다른 명사들

짝을 이루는 동물이나 사람을 나타내는 명사들	
le bœuf 황소 - la vache	le coq 수탁 - la poule
l'empereur 황제 - l'impératrice	le roi 왕 - la reine
le copain 친구 - la copine	le garçon 소년 - la fille[11)]
monsieur 남자존칭 - madame	le serviteur 종업원 - la serveuse
가족관계를 나타내는 명사들	
le mari 남편 - la femme 아내	le frère 남동생 - la sœur 여동생
le neveu 남조카 - la nièce	l'oncle 삼촌 - la tante
le père 아버지 - la mère	le fils 아들 - la fille
le grand-père 할아버지 - la grand-mère	le petit-fils 손자 - la petite-fille

11) un garçon은 소년의 의미 이외에 fils와 같은 의미의 아들로도 쓰이는데, 표현상의 차이가 있다.

• J'ai deux enfants : un garçon et une fille; mon fils s'appelle Jean, ma fille s'appelle Isabelle.

☞ 위의 문장에서처럼, "자식이 있다"라는 문장 다음에, 자식을 소개할 때 un fils라는 말다. un garçon이라는 말로서 사내아이와 여자아이라는 표현을 먼저 쓰고, 뒤에 아들과 딸이라는 표현을 쓴다.

ⓓ 한 가지 형태로 남성, 여성에 존재하는 명사들

adversaire 적수 locataire 세입자	dentiste 치과의사 novice 초심자
camarade 동무 élève 제자	témoin 증인 artiste 예술가
touriste 관광객 esclave 노예	collègue 동료 enfant 아이
concierge 수위	propriétaire 소유자

ⓔ 남성형태만 존재하는 명사들[12)]

écrivain 작가 médecin 의사	architecte 건축가 maire 시장
auteur 저자 professeur 교수	docteur 의사 juge 판사
peintre 화가 ministre 장관	chauffeur 운전사 chef 책임자

ⓕ 여성형만 존재하는 명사들

une sentinelle 보초	une recrue 신병	une estafette 전령

ⓖ 성에 따라 뜻이 달라지는 명사들

un livre 책 / une livre 파운드	un mémoire 논문 / une mémoire 기억
un mode 방식 / une mode 유행	un tour 선회 / une tour 탑

12) 프랑스어권의 나라들의 경우, 직업을 나타내는 명사에 여성형을 사용하기도 하는데 (une professeure, une écrivaine..) 프랑스에서도 이런 경향이 점차 늘어나고 있다. 혼동을 피하기 위해서 남성형의 직업을 나타내는 명사 앞에 femme를 쓰기도 한다(une femme médecin, une femme professeur).

ⓗ 명사가 나타내는 특정한 의미에 따른 성의 구분

여성	병명[13]	la grippe 유행성 감기 la typoïde 장티푸스
	학문[14]	la médecine 의학la politique 정치학
	축제[15]	la Toussaint 만성절 la Saint-André 앙드레 성축일
	-eur 추상명사[16]	la candeur 순진함 la valeur 가치
남성	나무	le chêne 떡갈나무 le tilleul 보리수
	금속, 화학물질[17]	le fer 철 le cuivre 구리
	요일, 달, 계절,	le lundi 월요일 un avril 4월 un été 계절
	바람[18], 방위	le zéphyr 서풍 le noroît 북서풍 le mistral 북풍 le nord 북쪽 le sud 남쪽
	숫자, 철자, 음계	le huit 8un B Bun do 도
	부정법형태	le dîner 저녁식사 le déjeuner 아침식사
	불변하는 단어	le bien 선 le mal 악

b) 복합명사의 성

명사 + 명사	앞에 있는 명사의 성	un chou-fleur 꽃 양배추 un bateau-mouche 파리 유람선
명사 + 형용사	명사의 성	la chauve-souris 박쥐 le grand-père 할아버지

13) 예외 : le choléra 콜레라, le croup 후두염, le diabète 당뇨병, le rhume 감기
• -ism으로 끝나는 병명 : l'arthritisme 관절염

14) 예외 : le calcul 산수, le droit 법학

15) Noël 크리스마스, Pâques 부활절의 경우, 축제 자체보다 날짜에 관한 경우 관사를 붙이지 않는다.

16) 예외 : le bonheur 행복, le malheur 불행, l'honneur 명예, le labeur 수고

17) 예외 : la fonte 주철, l'alumine 알루미늄 -ite로 끝나는 금속이나 화학물질

18) 예외 : la bise 삭풍, la brise 미풍

동사 + 명사	사람명사	sexe	le porte-drapeau 기수 le garde-chasse 수렵감시인
	동물명사	남성	le hoche-queue 할미새 le perce-oreille 집게벌레
	사물명사	남성	le tire-bouchon 마개따기 le porte-monnaie 동전지갑
동사 + 동사	남성		le savoir-faire 솜씨 le savoir-vivre 예절
전치사 + 명사	사람명사	sexe	un sans-soin 단정치 못한 남자 une sans-soin 단정치 못한 여자
	사물명사	명사의 성	une avant-cour 앞뜰 une avant-garde 선두
고정적 표	남성		un tête-à-tête 대면 le va-et-vient 왕복
	사람의 경우 sexe		un couche-tard 늦잠꾸러기

c) 고유명사의 성(Le genre des noms propres)

ⓐ 국가를 나타내는 고유명사의 성 : -e로 끝나면 여성이고, 그렇지 않으면 남성[19)]

la Corée 한국	la Chine 중국	la France 프랑스
le Japon 일본	le Canada 캐나다.	l'Italie 이탈리아
l'Angleterre 영국	Cuba 쿠바[20)]	le Brésil 브라질

ⓑ 도시를 나타내는 명사의 경우 : 주로 남성형으로 취급된다.[21)]

19) Cambodge캄보디아, Mozambique모잠빅, Mexique멕시코는 예외.

20) 국가를 나타내는 명사의 경우, 대부분 정관사 le, la를 동반하는데, 예외적으로 관사를 동반하지 않는 것들이 있다.
☞ Israël이스라엘, Cuba쿠바, Madagascar마다가스카

Paris est grand 파리는 크다.

Séoul est actif. 서울은 활동적이다.

ⓒ 배를 나타내는 고유명사들

• 전함, 낚시배 : 원래 이름의 성

le Jaguar 재규어호, la Jeanne d'Arc 잔다르크호

• 상선, 유람선 : 남성

le France, le Flandre

ⓓ 비행기를 나타내는 고유명사들

• 프랑스어의 보통명사로 이루어지면서 항공기의 이름인 경우, 이 명사의 성을 유지

la Caravelle (예외 : le concorde)

• 외래어 명사의 경우, 남성

Un Boeing 보잉

ⓔ 자동차를 나타내는 고유명사들

• 승용차 : 여성

une Jaguar 재규어, une Citroën

• 트럭 : 남성

un Citroën

---

21) Rome 로마, Athènes 아테네, Sparte 스파르타, Alexandre 알렉산드르 등의 도시 이름은 오랜 전통에 따라 여성으로 취급되는 경향이 있다. 그리고 관사를 붙이지 않는 것이 일반적이지만, 몇몇 도시는 정관사를 포함하는 것들이 있다. Le Havre르 아브르, Le Mans르망, La Rochelle라호셀.
☞ 도시명의 관사가 혼동되는 경우 une ville de + 도시명사를 사용하기도 한다.

2) 명사의 수(le nombre du nom)

① 보통명사의 수

a) 일반적인 경우 : -s

단 수	복 수	단 수	복 수
un étudiant	des étudiants	un garçon	des garçons
une table	des tables	une chaise	des chaises

b) 특수한 경우[22)]

-al	-aux	le cheval 말 - les chevaux	le journal 신문 - les journaux
-ail	-ails	le chandail 스웨터 - les chandails	le rail 기차길 - les rails
-au-eau	-aux-eaux	le chapeau 모자 - les chapeaux	le gâteau 케익 - les gâteaux
-eu	-eux	le cheveu 머리카락 - les cheveux	le jeu 게임 - les jeux
-ou	-ous	le clou 못 - les clous	le trou 구멍 - les trous

22) 예외적인 경우들이 많다.
- -al : -als → le bal 무도회 - les bals/ le carnaval 카니발 - les carnavals/ le festival 페스티발 - les festivals/ le récital 공연 - les récitals
- -ail : -aux → le chandail 스웨터 - les chandails/ l'évantail 부채 - les évantails
- -au : -aus → le landau 사륜마차 - les landaus/ le sarrau 작업복 - les sarraus
- -ou : -oux → le bijou 보석 - les bijoux/ le caillou 조약돌 - les cailloux/ le chou 배추 - les choux/ le genou 무릎 - les genoux / le hibou 부엉이 - les hiboux/ le joujou 장난감 - les joujoux / le pou 이 - les poux

c) 복수형이 두 개인 명사들

aïeul	aïeuls	조부모
	aïeux	조상
ciel	cieux	하늘
	ciels	침대의 닫집

d) 단수와 복수의 의미가 다른 명사들

단수	복수
le ciseau 끌, 정	les ciseaux 그네
un effet 결과	des effets 의류
la lunette 망원경	les lunettes 안경
la vacance 빈자리	les vacances 방학, 휴가

e) 복수형 밖에 없는 명사들

les archives 고문서	les fiançailles 약혼식	les frais 비용
les funérailles 장례식	les moeurs 풍속	les vivres 식량

② 고유명사의 수

a) 일반적으로 불변

les Martin, les Durand, deux Peugeot

b) 유명한 사람들과 비교하여 -와 같은 사람들의 의미인 경우 복수

les Césars 세쟈르와 같은 사람들

c) 대표 작품명의 경우

des Apollons 아폴론의 작품들

③ 복합명사의 수

a) 하나의 단어와 같은 철자로 구성된 복합명사의 경우 끝에 복수형 어미가 붙는다.[23)]

le pourboire 팁 - les pourboires

le portemanteau 외투걸이 - les portemanteaux

b) 분리된 복합명사의 경우

ⓐ 명사

• 명사 + 품질형용사 : 두 단어가 다. 변한다.

le coffre-fort 금고 - les coffres-forts

la carte postale 우편엽서 - les cartes postales

• 명사 + 명사 : 두 명사가 다 변한다.

le bateau-mouche 센느 강 유람선 - les bateaux-mouches

le chou-fleurs 양배추 - les choux-fleurs

• 명사 + 명사에서 두 번째 명사가 첫 번째 명사의 보어 기능을 하는 경우 앞에 명사만 변한다.

le chef de gare 역장 - les chefs de gare

le sac à main 손가방 - les sacs à main

le timbre-poste 우표 - les timbres-poste

ⓑ 형용사 : 형용사 + 형용사 : 둘 다 변한다.

le sourd-muet 농아 - les sourds-muets

le clair-obscur 명암 배치 - les clairs-obscurs

ⓒ nouveau, premier, dernier + 과거분사 : 둘 다 변한다.

---

23) 유의해야 할 명사들 : monsieur - messieurs, madame - mesdames, mademoiselle - mesdemoiselles

le nouveau-venu 맨 먼저 온 사람 - les nouveaux-venus

le premier-né 첫 아이 - les premiers-nés

ⓓ 동사 + 명사

• 명사가 이미 복수 형태인 경우 그대로 둔다.

le compte-gouttes 기름치는 기구 - les comptes-gouttes

• 명사가 단수인 경우

: 셀 수 있는 명사인 경우 명사만 복수

un cure-dent 이쑤시개 - des cure-dents

un tire-bouchon 병마개따개 - des tire-bouchons

: 추상명사 혹은 셀 수 없는 물질명사의 경우 불변

un abat-jour 차양 - des abat-jour

un faire-part 통지서 - des faires-parts

ⓔ 불변하는 단어(부사, 전치사) + 명사 : 명사만 복수

un avant-poste 전초 - des avant-postes

ⓕ 고정된 표현 : 불변

des tête-à-tête 대면

des va-et-vient 왕복

des laissez-passer 통행허가증

2. 관사(Les Articles)

◖ 한정사들(les déterminants)

한정사란 보통명사 앞에 위치하여 명사와 함께 명사군을 형성하는 단어이다. 한정사의 종류로는 관사, 형용사(지시, 소유, 부정, 의문, 감탄형용사) 등이 있다.

◖ 관사는 명사에 대한 한정사로서 명사의 성과 수에 일치한다.

1) 부정관사

① 형태

남성단수	여성단수	남, 여성 복수
un	une	des

a) 부정문에서 de 혹은 d'+모음의 형태가 된다.[24)]

• 주어 + avoir[25)], 직접타동사 + 부정관사 + 직접보어

→ 주어 + ne + avoir, 직접타동사 + de + 직접보어 구문

J'ai une voiture. → Je n'ai pas de voiture. 나는 자동차를 가지고 있다.

J'achète une maison. → Je n'achète pas de maison. 나는 집을 산다.

---

24) 부정의 요소로 이루어진 ne-ni -ni "-도 -도 아니다"의 구문에서는 부정관사를 쓰지 않기도 한다.

• J'ai un frère et une soeur. → Je n'ai ni frère ni soeur. 나는 남동생과 여동생이 있다.

25) 동사가 être인 경우 부정관사는 변하지 않는다.

• C'est une table. → Ce n'est pas une table. 그것은 책상이다.

b) des → de(d' +모음) + 형용사 + 명사

J'ai passé des vacances bien amusantes. 나는 아주 재미있는 휴가를 보냈어

J'ai passé de bonnes vacances. 나는 좋은 휴가를 보냈어 (d'excellentes vacances)

☞ 형용사가 뒤에 오는 명사와 함께 복합명사를 형성하는 경우가 있는데, 이 경우 복수형태의 부정관사(des)는 변하지 않는다.[26]

des grandes personnes des jeunes gens des jeunes filles

des petits garçons des petites filles

c) 관사의 부재

• avoir besoin de <-을 필요로 하다>와 같은 숙어 혹은 de가 양을 나타내는 표현인 경우(beaucoup de, trop de...)

J'ai besoin de livres. 나는 책들이 필요하다.

Il a beaucoup de soucis. 그는 걱정이 많다.

• 명사가 이미 다른 한정사들(소유형용사, 지시형용사, 의문형용사..)에 의해 한정될 때

소유형용사 : mon livre 지시형용사 : ce garçon

의문형용사 : quelle fille

• 수동문에서 수동형 동사의 행위 주체자의 보어가 전치사 de에 의해 도입될 때

Elle porte des bottes en cuir. 그녀는 가죽으로 된 신을 신고 있다.

Elle est chaussée de bottes en cuir(*de des bottes)

---

26) 부정관사의 복수형인 des와 전치사 de + 정관사 복수형의 les의 des와 혼동되는 경우가 있다.
- Voilà d'autres enfants.(부정관사) 여기에 다른 아이들이 있습니다.
- Ce sont les enfants des autres mères.(전치사 de + les) 이 아이들은 다른 엄마들의 아이들입니다.

• 명사가 전치사 de에 의해 유도되는 전치사구 뒤에 위치하는 경우

Il va au cinéma avec des amis. 그는 친구들과 함께 극장에 간다.

Il va au cinéma en compagnie d'amis.

• 명사 + de + 명사

Elle a acheté des livres d'art. 그녀는 미술책들을 샀다.

Elle a fait l'achat de livres.

• 축제를 나타내는 명사가 날짜에 중점을 둘 때

La Noël est la fête des enfants. 크리스마스는 아이들의 축제다.

Venez me voir à Noël. 크리스마스 때 나를 보러 오세요.

• 동격으로 사용된 날짜의 경우[27)]

Aujourd'hui, 7 juillet. 7월 7일인 오늘 → le samedi 2 janvier 1월 2일 토요일

② 특성

a) 일반화의 특성 : 한 종(種)에 사실성을 나타낸다.

Un homme(=n'importe quel homme, tout homme) est un bipède. 인간은 두발로 걷는 동물이다.

Un chat(=n'importe quel chat, mioule, un chien(=chaque chien) aboie.[28)] 고양이는 냐옹대고 개는 짖는다.

b) 소개의 특성 : 화자가 처음으로 청자에게 언급하는 사람이나 사물

Une jeune fille pleure dans la rue. Elle cherche sa maman. 한 어린 소녀가 거리에서 울고 있다. 그 여자 아이는 엄마를 찾고 있어.

---

27) 그러나 편지 첫 글에 쓰는 경우 정관사를 사용한다. : le 2 janvier

28) Un chien aboie는 두 가지 의미로 해석될 수 있다. 즉, 개라는 동물을 나타내는 경우와 현재 눈에 보이는 개를 나타낼 수 있다.
- Un chien, ça boie. 개라는 동물이 원래 짖는 동물이다.
- Un chien, là, en ce moment aboie. 지금 저기 있는 개가 짖고 있다.(특정한 개)

c) 수형용사의 특성 : 하나

Il n'a qu'un ami. = seul ami 그는 오로지 친구가 한명만 있다.

d) 특수화의 특성 : 형용사, 형용사적 가치를 가진 표현이나 관계절과 함께 쓰인 명사

Dans la vie, on rencontre des gens généraux, des gens de cœur, des gens qui pensent aux autres; des gens égoïstes, des gens qui ne pensent qu'à eux-mêmes. 인생에서 우린 친절한 사람들, 마음이 따듯한 사람들, 다른 사람들을 생각하는 사람들을 만난다. 그런가 하면 이기적인 사람들, 오로지 자기 자신만을 생각하는 사람들도 만난다.

e) 강조의 특성 : 양이나 질을 강조하는 기능

Mon ami m'a invité chez lui. J'ai pris le métro.

Il y avait un monde = il y avait beaucoup de monde.

친구가 집에 나를 초대했다.

나는 전철을 탔다. 전철에는 사람들이 정말 많았다.

f) 강한 느낌이나 경멸의 의미

Ça, c'est un homme. =un vrai homme. 그래야, 그게 진짜 남자지.

Millet[29], voilà un peintre. 밀레야말로 진짜 화가지.

g) des + 시간, 날, 요일, 년, dizaines로 기간이나 공간의 광범위함을 나타냄

Je l'ai attendu pendant des heures.

나는 그를 수 십 시간 동안 기다렸어.

Il y a des années que je ne l'ai pas vu.

그를 못 본지가 수 십 년은 됐어.

---

29) 화가의 이름 앞에 부정관사를 쓰면 -의 작품의 의미이다.
- On a volé Millet. = un tableau de Millet. 누가 밀레의 작품을 훔쳤다.

2) 정관사(l'article défini)

① 형태

남성단수	여성단수	모음, 묵음의 h 단수명사[30]	남, 여성 복수
le	la	l'	les

• 전치사와의 결합

전치사	남성단수	여성단수	모음, 묵음의 h	남, 여 복수
à	à + le - au	à + la	à l'	à + les - aux
de	de + le - du	de la	de l'	de + les - des

② 용법

a) 일반성의 특성 : 한 종(種)에 대한 일반적 특성을 나타낸다.

L'homme est mortel. =l'homme en général. 인간은 죽기 마련이다.

Le chien aboie, le chat miaule. =tous les chiens, tous les chats [31] 개는 짖고 고양이는 냐옹댄다.

b) 유일성 혹은 단일성의 특성 : 하나만 존재하는 명사

Le soleil 해, la lune 달, la terre 지구, le ciel 하늘

c) 조응소적 특성 : 앞에서 이미 언급된 명사를 다시 받는 명사 앞

---

30) un, huit, onze, oui, yaourt, yoga와 같은 경우 정관사의 축약은 일어나지 않는다. h의 경우, 묵음인지 아니면 유음인지를 형태로 구분하는 것은 어렵지만 유음의 h는 그다지 많지 않다.
 • le hasard 우연, la hache 도끼, le héro 영웅, les halles 홀, le hauteur 높이

31) Le chien aboie 역시 두 가지 의미를 가질 수 있다.
 • Tous les chiens aboient. 모든 개가 짖는다.
 • Le chien qui est là aboie. 저기 있는 개가 짖는다.
 ☞ 부정관사가 쓰였을 경우와의 차이는 부정관사가 실제적인 측면을 중시하는 반면 정관사의 경우는 실체보다는 개념이나 범주를 더 강조한다.

J'ai trouvé des clés dans la rue. Les clés se trouvaient près d'une voiture en stationnement. 나는 길에서 열쇠들을 발견했다. 그 열쇠들은 주차중인 차 가까이에 있었다.

d) 습관 혹은 상황이나 문맥에 의해 대화자들이 이미 알고 있는 명사

Le président va présenter son avis ce soir. = le président du pays

대통령이 오늘 저녁 자신의 의견을 말할 거야.

Allez, les enfants, au lit! = des enfants qu'on connaît, le lit habituel.

자, 애들아, 침대로 가야지!

Où as-tu mis le vin? = le vin qu'on boit tous les jours.

너 포도주를 어디다. 두었니?

Qui a acheté la maison qui est près de la mer?(문맥에 의해 한정)

바닷가 가까이에 있는 집을 누가 샀니?

e) 또 다른 명사에 의해 한정되는 명사 앞

Je te laisse les clés de la maison.

☞ 이 문장은 두 가지 의미를 갖는다. 하나는 특별한 가치로서 다른 아무 열쇠가 아니라 집의 열쇠라는 의미와 또 다른 하나는 오로지 집 열쇠만이 있고, 다른 열쇠는 없는 경우를 의미한다.

f) 지시적 가치 : 지시 형용사적 의미를 갖는다.[32)]

Passe-moi la bouteille, s'il te plaît! = cette bouteille 그 병 좀 줄래

g) 소유적 가치 : 소유형용사의 의미를 갖는다.

Elle a les yeux bleus. = ses yeux sont bleus 그녀는 푸른 눈을 가지고 있다.

---

32) 이름이나 Madame, Mademoiselle, Monsieur 앞에는 정관사를 붙이지 않는다. 단, <남자>의 의미를 나타낼 경우 monsieur 앞에 정관사를 붙인다.

• Maman, regarde le monsieur, il est drôle. 엄마, 저 아저씨 좀 봐, 이상해

h) 신체의 일부

Les enfants, brossez les dents! = vos dents 애들아, 이를 닦아라!

i) 가족이름 앞

Tu connais les Dupont? 너 뒤퐁 씨 가족을 아니?[33)]

j) 국민이나 도시민을 나타내는 명사 앞[34)]

Est-ce que les Français aiment la musique? 프랑스인은 음악을 좋아합니까?

k) 대륙, 국가, 지방, 산, 바다, 강, 큰 섬 앞[35)]

La capitale de la Corée est Séoul. 한국의 수도는 서울이다.

Tu as déjà visité la France? 너 이미 프랑스를 방문했었니?

La Seine traverse Paris. 센느 강은 파리를 가로지른다.

l) 날짜, 축제이름, 계절명사 앞

La Toussaint, le 14 juillet[36)], le printemps,...

m) 색깔명사를 이루기 위한 색깔을 나타내는 형용사 앞

J'aime le bleu. 나는 파란 색을 좋아한다.

n) 최상급 앞

C'est le meilleur ami du monde. 그는 세상에서 제일 좋은 친구다.

o) 분포적 의미를 갖는 요일 혹은 무게나 치수 명사 앞

Il vient le lundi.[37)] = chaque lundi 그는 매주 월요일에 온다.

3 euros le kilo 킬로 당 3키로

---

33) 가족을 나타내는 명사에는 -s를 쓰지 않는다.

34) 도시를 나타내는 명사 앞에는 관사를 쓰지 않는 것이 원칙이나 고유명사화 된 경우 그대로 쓴다. • Le Havre

35) 조그마한 섬이나 나라 등에는 관사를 붙이지 않는다.
• Israël이스라엘, Cuba쿠바, Madagascar마다가스카 섬

36) 달(月)의 경우, 관사를 쓰지 않는다. Avril est le roi de la saison. 4월은 계절의 왕이다.

37) le lundi = tous les lundi 매주 월요일 <> lundi = ce lundi 이번 주 월요일

p) 수를 나타내는 명사 앞에 쓰여서 근접한 수를 나타낸다.

Il viendra vers les huit heures du soir.

그는 저녁 8시경(전 혹은 후)에 올 것이다.

• 부정관사와 정관사의 용법 중, 움직임이나 방향을 나타내는 aller, se rendre 등이 동사 뒤에 위치하는 à 뒤에는 정관사를 쓰는 반면, dans뒤에는 부정관사를 쓰는 경향이 있다.

Je vais au cinéma.(* à un cinéma) 나는 극장에 간다.

Je vais dans un cinéma dans un quatier latin. 라틴가에 있는 극장에 간다.

Il se rend au lycée(* à un lycée) 그는 고등학교를 방문한다.

Il se rend dans un restaurant connu. 그는 유명한 고등학교를 방문한다.

3) 부분관사(l'article partitif)

전체의 일부를 나타내는 관사로서, 명사가 셀 수 없는 경우에 사용한다.

① 형태[38]

남성단수	여성단수	모음, 묵음의 h 의 남, 여 단수명사
de + le → du	de la → de la	de l'

② 용법

38) 부분관사의 복수형에 대해서는 학자들마다. 의견을 달리한다. 복수형이 없다고 주장하는 학자들은 원칙적으로 셀 수 없는 명사들 앞에 쓰이는 것이므로 복수라는 개념을 도입시키기가 힘들다는 입장이다. 반면, 어떤 명사의 전체의 일부를 나타낸다는 부분관사의 개념을 들어 복수형이 존재한다고 생각하는 학자들이 있다.

• Tiens! Il y a des étudiants qui manifestent sur le boulevard. =certains étudiants
어라! 거리에서 시위하는 학생들이 있네.

• 부정관사의 복수 Mais, ce sont des étudiants de mon cours!
내 수업 학생들 전체 중에 일부. 근데, 내 수업 학생들이잖아!

a) 셀 수 없는 물질명사와 추상명사 앞[39)]

물질명사	du sucre 설탕	de la farine 밀가루	de l'alcool 알콜
	de l'eau 물	du thé 차	du café 커피
	du vin 포도주	de la bière 맥주	
추상명사	du courage 용기	de la force 힘	de l'espoir 희망
	de l'énergie 에너지	de la musique 음악	

b) faire 동사가 실제로 무엇인가를 직접 하는 것의 의미일 경우, 뒤에 부분관사를 쓴다.

faire du tennis 테니스를 치다.

du football 축구를 하다.

du piano 피아노를 치다.

c) 음악가의 이름 앞

écouterdu Mozart, du Beethove, du Chopin, jouer

d) 절대적 부정문에서 de로 바뀐다.[40)]

Tu veux du sucre? - Non, merci. Je ne prends pas de sucre.

.설탕을 원하니? 아니, 됐어. 나는 설탕을 넣지 않아

Paul a du courage, mais il n'a pas de patience.

---

39) 이 명사들은 주어로 쓰이는 경우가 매우 드물다

• De l'eau se trouve dans le frigo Il y a de l'eau dans le frigo. 냉장고에 물이 있다.

40) 절대적 부정이란 명사를 부정하는 경우이다.

☞ Elle ne mange pas de lait, elle n'en boit jamais. 그녀는 고기를 먹지 않는다. 그녀는 고기를 결코 먹지 않는다.

☞ 반면, 부정이 명사가 아니라, 형용사에 근거를 두거나, 부정이 전체가 아닌 일부에 걸리는 경우가 있는데 이를 상대적 부 정문이라 하며, 이 경우 부분관사를 그대로 쓴다.

• Elle ne boit pas du lait pasteurisé, elle boit du lait cru.그녀는 세균 처리된 우유를 마시지 않으며 생우유를 마신다.

• Il n'as pas d'argent. 그는 돈이 없다. (절대적 부정)

• Il n'a pas de l'argent à gaspiller. 그는 낭비할 돈이 없다.(상대적 부정)

뿔은 용기는 있지만 인내심이 없어.

e) 부분관사는 귀에 거슬리는 소리를 피하기 위해 전치사 de에 의해 도입되는 명사 앞에서 사라진다.

☞ 구체적으로, 동사구에 속하는 de, 양을 나타내는 표현이나 전치사 표현구에 속하는 주체자 보어를 도입하는 de뒤에서 부분관사는 없어진다.

J'ai besoin du sel - J'ai besoin de sel. 나는 소금이 필요하다.

Le sol est couvert de la neige. - Le sol est couvert de neige. 땅은 눈으로 덮혀 있다.

La carafe est pleine de l'eau. - La carafe est pleine d'eau.

Faute du temps - Faute de temps, ...

f) 부분관사 남성단수인 du와 전치사 de + le의 축약인 du를 혼동해서는 안 된다.

C'est du pain.(부분관사) 이것은 빵이다.

C'est le pain du mon voisin. 이것은 내 이웃의 빵이다.

4) 관사의 부재

① 전치사 de뒤에

양	un verre de vin 포도주 한잔
	Il y a beaucoup de voitures à Paris. 파리에는 많은 차가 있다.
	une boîte d'allumettes 성냥 한 갑
	un paquet de cigarettes 담배 한 갑

특성	table de travail 책상 table de nuit 머리맡 탁자
	des lunettes de soleil 썬글라스 un chapeau de soleil 차양모자
재질	une robe de soie 명주로 만든 치마
	un vase de cristal 크리스탈로 만든 꽃병
	une feuille de papier 종이 한 장
출신지[41]	Je viens de Corée. 나는 한국 출신이다.

② 절대적 부정이란 명사를 부정하는 경우이다.

Elle ne mange pas de lait, elle n'en boit jamais.

그녀는 고기를 먹지 않는다. (그녀는 고기를 결코 먹지 않는다.)

☞ 반면, 부정이 명사가 아니라, 형용사에 근거를 두거나, 부정이 전체가 아닌 일부에 걸리는 경우가 있는데 이를 상대적 부정문이라 하며, 이 경우 부분관사를 그대로 쓴다.

Elle ne boit pas du lait pasteurisé, elle boit du lait cru.

그녀는 세균 처리된 우유를 마시지 않으며 생우유를 마신다.

Il n'as pas d'argent. 그는 돈이 없다. (절대적 부정)

Il n'a pas de l'argent à gaspiller. 그는 낭비할 돈이 없다.

---

41) 여성 국가 명 혹은 지방의 경우이며, 남성국가 혹은 지역의 경우는 정관사를 사용한다.
• Jean vient de la France.Paul vient du Canada.

(상대적 부정, 특성 등을 나타내기 위한 형용사 뒤)

un verre à eau 물잔(=pour l'eau)

une tasse à thé 찻잔(=pour le thé)

planche à voile 보드(=avec une voile)

une robe à fleurs 꽃무늬 옷

③ 부사구를 이루는데 사용되는 몇몇 전치사 뒤[42)]

avec prudence 신중하게 =prudemment

avec rapidité 재빠르게 =rapidement

en silence 조용하게 =silencieusement

④ 양태보어를 이루는데 사용되는 몇몇 전치사 뒤[43)]

en avion 비행기로

à pied 걸어서

salle d'attente 대기실

⑤ 전치사 sans 또는 avec

homme sans caractère 특징이 없는 남자

---

42) 그러나 뒤에 형용사가 개입하는 경우, 전치사 뒤의 명사는 명사로서의 가치를 지니게 되고 따라서 부정관사를 사용한다.

• avec rapidité <> avec une rapidité remarquable en silence <> dans un silence total

43) 관계사 혹은 형용사는 명사의 가치를 다시 갖게 함으로 관사를 사용하게 한다.

• Il se déplace en avion 그는 비행기로 이동한다.

• Ils se sont rencontrés dans un avion qui allait à Paris.
그들은 파리로 가는 비행기 안에서 만났다.

• Ils se sont rendus à l'invitation en tenue de soirée.
그들은 야외복을 입고 초대 장소에 갔다.

• Ils se sont rendus à l'invitation dans une tenue tout à fait élégante.
그들은 완전히 우아한 옷을 입고 초대 장소에 갔다.

sans espoir 절망적

cabinet de toilette avec douche 샤워시설이 딸린 화장실

⑥ et 혹은 ou에 의한 등위적 표현들

Regarde le menu! c'est fromage et dessert? 메뉴판 좀 봐! 치즈와 후식이야?

Non, c'est fromage ou dessert. 아니, 치즈 아니면 후식이야

⑦ ne - ni - ni 구문

Il n'a ni frère ni soeur. 그는 남동생도 여동생도 없다.

⑧ 동사구[44]

avoir	peur 두렵다.	froid 춥다.	chaud 덥다.
	sommeil 잠이 온다.	faim 배고프다.	soif 목이 마르다.
	envie de -하고 싶다.	besoin de -가 필요하다.	

⑨ 속사적으로 쓰인 명사로서 주로 직업을 나타내는 경우[45]

Il est étudiant 학생, professeur 선생, médecin 의사, acteur 배우

⑩ 열거 혹은 나열되는 명사

Ordinateur, livres, argents, tout avait été disparu.

컴퓨터, 책, 돈 모든 것이 사라졌어.

---

44) 동사구를 이루는 명사를 형용사나 명사구가 수식하는 경우 관사를 붙인다.
- Tu m'as fait peur. <> Tu m'as fait une peur bleue.너는 나를 무섭게 했어 (너는 나를 정말 무섭게 했어).
- Tu m'a fait la peur de ma vie. J'ai faim<> J'ai une faim de loup. 나는 배고파(나는 정말 배고파 죽겠어).

45) 형용사에 의해 수식 받는 경우 관사를 붙인다.
- C'est un gentil garçon. 친절한 소년이야.
- Il est un vrai acteur. 그는 진짜 배우다운 배우야.

⑪ 주소를 나타내는 명사

J'habite rue du Joinville. 나는 Joinville 거리에 살아

⑫ 앞에 있는 명사

Garçon, l'addition, s'il vous plaît! 여기 계산서 좀 갔다. 주세요!

⑬ 전보나 광고

Bien arrivé, maman va bien, papa aussi.

⑭ 가게 간판이나 표지판

Boulangerie 빵가게, Entrée 입구, Musée du Louvre 루브르 박물관

⑮ 신문의 기사 제목

Tremblement de terre terrible 끔직한 지진

3. 인칭대명사(Les Pronoms Personnels)

◖ 대명사들 중에서 인칭대명사는 구어나 문어체에서 가장 많이 사용하는 대명사이다.

1) 주어인칭대명사

① 형태

<table>
<tr><td>1인칭 단수</td><td colspan="2">Je</td><td>1인칭 복수</td><td colspan="2">Nous</td></tr>
<tr><td>2인칭 단수</td><td colspan="2">Tu</td><td>2인칭 복수</td><td colspan="2">Vous</td></tr>
<tr><td rowspan="2">3인칭 단수</td><td>(남성) Il</td><td>(여성) Elle</td><td rowspan="2">3인칭 복수</td><td>(남성) Ils</td><td>(여성) Elles</td></tr>
<tr><td colspan="2">On</td><td colspan="2">On</td></tr>
</table>

② 용법

a) 주어인칭대명사는 항상 동사와 밀접한 관계를 갖는다.[46]

b) 프랑스어 문장에서 주어인칭 대명사는 필수적인 요소이다.[47]

Je suis professeur. 나는 선생이다. * Suis professeur.

Tu aimes Marie? 너 마리를 좋아하니? * Aimes Marie?

J'aime[48] voyager. 나는 여행 하는 것을 좋아한다.

---

46) 동사는 주어인칭대명사의 성과 수에 일치한다.
- Vous aimez Paul? Tu aimes Paul?

47) 그러나 한 문장에서 여러 개의 동사가 같은 주어를 갖는 경우 삭제될 수 있다
- Il est rentré à la maison, a pris le dîner et a regardé la télévision.
그는 집에 돌아와서 저녁을 먹고 텔레비전을 봤다.

c) 주어와 동사의 위치가 바뀌는 경우가 있다.

의문문 : Où vas-tu? 너 어디 가니?

인용문 : <Je vais partir> dit-elle.

<나 떠날 거야> 라고 그가 말했다.

peut-être, sans doute, ainsi 뒤에(문어체)

Peut-être ont-ils décidé de partir. 아마도 그들은 떠나기로 결심했을 거야.

d) 3인칭 남성단수의 주어인칭 대명사 il과 비인칭 구문의 il을 혼동해선 안 된다.

Il est étudiant. 그는 학생이다.

Il est trois heures. 3시 입니다.[49]

e) nous는 1인칭 단수 주어인칭대명사를 포함한 2인 이상의 경우를 의미한다.

Paul et moi, nous sommes étudiants. 뽈과 나는 학생이다.

f) vous는 2인칭 단수 주어인칭 대명사를 포함한 2인 이상의 경우를 말한다.[50]

Marie et toi, vous allez au cinéma? 마리하고 너 극장에 가니?

---

48) Je는 주어인칭대명사들 중에서 유일하게 모음 혹은 묵음의 h앞에서 축약된다.
- J'habite à Paris. 나는 파리에 산다.

49) 비인칭 구문이란 의미는 가지고 있지 않으면서 문장의 문법성을 유지하기 위해 주어 위치에 il이 오는 문장을 뜻한다.
- 날씨 : Quel temps fait-il? Il fait beau. 날씨가 어때요? 날씨가 좋습니다.
- 시간 : Quelle heure est-il? Il est midi. 몇 시 입니까? 정오입니다
- .Il y a 구문 : Il y a un livre sur la table. 책상 위에 책이 한권 있습니다.
- Il est + 형용사 + de + 동사원형

Il est facile d'apprendre le français. 프랑스어를 배우기는 쉽다.

50) vous는 상대방이 한 사람일지라도 그가 존경의 대상이 되거나 예의를 갖추는 경우에도 사용한다.
- Comment allez-vous? Je vais bien, merci. Et vous?

어떻게 지내세요? 잘 지냅니다. 당신은요?

g) tu는 vous와 함께 상대방을 지칭하는 인칭대명사로서 나이, 사회적 위치, 관계의 유형 등 상대방과의 관계에 따라 tu 또는 vous를 쓰는데, tu를 사용하는 경우는 다음과 같다.[51)]

- 성인이 아이에게, 가족 구성원에게 그리고 가까운 친구들에게
- 아이가 다른 아이에게, 가족 구성원, 친구, 그리고 아주 가까운 어른에게

h) on은 항상 주어로 쓰이는 대명사로서 여러 가지 기능을 한다.[52)]

- nous

  Paul! On va au cinéma? 뽈! 우리 극장에 갈까?

- les gens(사람들)

  À Paris, on peut visiter beaucoup de monuments.

  파리에서 사람들은 많은 기념물을 방문할 수 있다.

- 누군가(quelqu'un)

  Écoute! On joue du piano.

  들어봐! 누군가가 피아노를 연주하고 있어.

---

51) 그러나 최근 점점 더 젊은이들 사이 혹은 학교 친구들 사이나 직장에서 tu를 사용하는 경향이 증가하고 있다. 또한 혹시 상대방에게 tu를 써도 될까 의심스러운 경우에는 vous를 쓰는 것이 좋다. 그렇지 않으면, 상대방이 먼저 사용하는 호칭(tu를 사용하거나 vous)을 듣고 그에 맞는 사용하면 된다.

52) on이 nous와 같이 복수형의 대명사를 대체하는 경우라도, 동사는 항상 단수를 사용한다는 것에 유의해야 한다.

- Marie et moi, on va partir en vacances. 마리와 나는 휴가를 떠날꺼야

☞ 반면, on이 nous를 의미하는 것이 명확한 경우 복합시제에서 과거분사는 성과 수에서 on이 대체하는 주어와 일치해야 한다.

- Marie, Pierre et moi, on est allés à l'école.

마리, 뽈, 그리고 나 이렇게 우리는 학교에 갔다.

☞ 최근 젊은이들 사이에 구어에서 nous대신 on을 쓰는 경향이 두드러지게 늘고 있다.

2) 강세인칭 대명사

① 형태

	주어		강세			주어		강세	
1인칭 단수	Je		Moi		1인칭 복수	Nous			
2인칭 단수	Tu		Toi		2인칭 복수	Vous			
3인칭 단수	Il	Elle	Lui	Elle	3인칭 복수	Ils	Elles	Eux	Elles

② 용법

a) 다른 대명사를 강조할 때.[53]

Toi, tu prends le métro et moi, je prends le taxi.

너는 지하철을 타, 나는 택시를 탈께

b) 질문에 대한 답변

Qui va répondre? 누가 답변을 할래?

Moi. 저요.

c) 등위를 나타내는 단어와 함께

Qui va résoudre ce problème?

Toi ou moi?

누가 이 문제를 해결할 수 있을까? 너 아니면 나?

Ni toi ni moi, c'est Paul.

너도 나도 아닌 뿔이야.

---

53) moi와 toi는 문장의 주어로서 쓰일 수 없으며 항상 je와 tu를 동반해야 한다.
- Lui est japonais, elle chinoise.
그는 일본 남자고 그녀는 중국 여자이다.
- Lui, il est acteur, elle, elle est chanteuse. 그는 배우고 그녀는 가수다.
- Moi prépare le repas, toi fais la vaiselle. 나는 음식을 할 테니까 넌 설거지를 해

d) 전치사 뒤

Je vais au cinéma. Tu veux venir avec moi?

나 극장에 가는데 나랑 같이 가고 싶니?

Je rentre chez moi. 나 집으로 가

e) c'est 또는 ce sont뒤

C'est lui qui a raison.

옳은 것은 그다.

Ce son't eu qui aiment le cinéma.

영화를 좋아하는 것은 그들이다.

3) 보어 인칭 대명사(le pronom personnel complément)

① 직접목적보어 인칭 대명사

A. 형태[54)]

<table>
<tr><th></th><th></th><th>단 수</th><th>복 수</th></tr>
<tr><td>1인칭</td><td></td><td>me</td><td>nous</td></tr>
<tr><td>2인칭</td><td></td><td>te</td><td>vous</td></tr>
<tr><td rowspan="3">3인칭</td><td>남 성</td><td>le</td><td rowspan="2">les</td></tr>
<tr><td rowspan="2">여 성</td><td>la</td></tr>
<tr><td colspan="2">en</td></tr>
</table>

54) me, te, le, la는 모음 앞에서 발음상의 이유로 인해 m', t', l'로 축약된다.
• Tu aimes Paul? Oui. je l'adore.
너 뽈을 좋아하니? 응, 그를 아주 좋아해

B. 용법

a) 직접목적보어 인칭 대명사는 항상 동사 앞에 위치한다.[55)]

Je regarde la télé. 나는 TV를 본다. → Je la regarde.

Je déteste le football. 나는 축구를 아주 싫어한다. → Je le déteste.

b) **me, te, nous, vous**는 사람을 나타내는 반면, **le, la, les**는 사람 혹은 사물을 나타낸다.

Je te présente Marie. 너에게 마리를 소개할게.

Il nous a invité au dîner. 그가 우리를 저녁 식사에 초대했어.

Tu connais Jean? Oui. je le connais bien.

너 장을 아니? 응, 나는 그를 잘 알아 (사람)

Tu as trouvé un appartement? Oui, je l'ai trouvé hier.

너 아파트 구했니? 응, 그것을 어제 구했어. (사물)

c) le, la, les 는 다음의 요소들을 대체할 수 있다.[56)]

• 정관사, 소유형용사, 지시형용사가 선행하는 한정 보통명사

Tu as lu le dernier livre de Jean? 너 장의 최근 책을 읽었니?

Oui. je l'ai lu. 응, 그것을 읽었어.

Vous voulez réserver votre place maintenant?

---

55) 긍정명령문에서 직접목적보어 인칭대명사는 동사 뒤에 위치하고, 부정명령문의 경우 동사 앞에 위치한다.

- Marie! Regarde cette voiture! On l'achète? 마리야! 저 차 좀 봐! 우리 살까?
  Non, ne l'achète pas, c'est trop chère. 아니 사지마, 너무 비싸
- Je veux acheter ce livre. 이 책을 사고 싶어. Prends-le, si tu veux. 원하면 사.
- Je t'invite chez moi. 너를 내 집에 초대할게.

56) voici 또는 voilà로 시작하는 문장에서 인칭대명사는 항상 직접목적보어 인칭대명사를 사용 한다

- .Tu peux me passer le dictionnaire, s'il vous plaît? Le voici.
  사전 좀 줄래? 여기에 있어.
- Donnez-moi l'addition, s'il vous plaît! La voici. 계산서 좀 주세요! 여기에 있습니다.

당신의 자리를 지금 예약하시겠어요?

Non, je la réserverai demain. 아니, 자리를 내일 예약 할게요.

J'ai acheté cette robe au magasin. 이 옷을 상점에서 샀어.

Je la trouve très bien. 아주 좋은데

- 문맥이나 상황에 의해 한정되는 보통명사

  Vous avez une carte d'identité? 당신 신분증 있으세요?

  Non, je l'ai laissée chez moi. 아니오. 집에 두고 왔어요.

- 고유명사

  Tu as trouvé Paul? Non, je ne l'ai pas encore trouvé.

  너 뽈을 찾았니? 아니, 그를 아직 찾지 못했어.

d) en은 형태에서 불변인 직접목적보어 인칭대명사로서 긍정명령문을 제외한 나머지 문장에서 항상 동사 앞에 위치하는데 다음과 같은 요소들을 대체한다.

- 부정관사(un, une, des)가 선행하는 명사

  Vous avez des chiens? Oui, j'en ai deux.

  당신 개가 있습니까? 예, 두 마리 있습니다.

  Combien d'enfants avez-vous? J'en ai un.

  아이가 몇 이세요? 한 명 있어요.

- 부분관사(du, de la, de l')가 선행하는 명사

  Vous voulez encore du sucre? Oui, merci, j'en veux bien.

  설탕을 더 원하세요? 예, 고마워요, 조금 더 주세요.

  Est-ce que je peux encore prendre du café?

  커피를 더 마셔도 될까요?

  Bien sûr, prenez-en. 물론이죠, 더 드세요.

• 양을 나타내는 표현(un, deux, beaucoup de, trop de, assez de, plusieurs, certains, aucune, un kilo de, une boîte de, un paquet de, une bouteille de) 이 선행하는 명사

Tu as beaucoup de livres? Des livres? J'en ai plein.[57]

너 책을 많이 가지고 있니? 책 말이야? 아주 많아

e) en이 사용되는 경우와 다른 직접목적보어 인칭대명사의 경우 차이를 보인다.

• 부정관사가 선행하는 명사의 경우 en으로 대체되는 반면, 정관사나 소유형용사 또는 지시형용사가 선행하는 명사는 le, la, les로 대체된다.

Tu as une maison? Oui, j'en ai une.

너 집을 가지고 있니? 응, 한 채 있어.

Tu veux cette voiture(Vous voulez mon livre?)

너 이 차를 원하니?(=당신 내 책을 원합니까?)

Oui. je le veux.(je la veux) 응, 원해

• 복합과거에서 en은 과거분사의 일치가 없는 반면 3인칭(le, la, les)의 경우는 과거분사의 성과 수의 일치가 보인다.

Tu as acheté un appartement? 너 아파트를 샀니?

Oui. j'en ai acheté un. 응. 한 채 샀어.

Tu as rencontré la femme de Paul? 너 뽈의 부인을 만나봤니?

Oui. je l'ai rencontrée. 응, 그녀를 만났어.

Vous voulez ces cadeaux? 당신 이 선물을 원하세요?

Oui, je les veux bien. 예, 원합니다.

---

57) 긍정문에서, en을 사용하는 경우 두 번째에 있는 요소를 다시 반복해서 써야 한다. 반면에 부정문에서는 사용하지 않는다.
• Tu as assez d'argent? Oui, j'en ai trop. =trop d'argent 너 돈이 충분히 있니? 응, 너무 많아 Non, je n'en ai pas. 아니, 없어.

Vous voulez des cadeaux? 당신 선물을 원하세요?

Oui, j'en veux vraiment. 예, 정말로 원해요.

② 간접목적보어 인칭 대명사

A. 형태

		단 수	복 수
1인칭		me	nous
2인칭		te	vous
3인칭	남 성	lui[58]	leur[59]
	여 성		

B. 용법

a) 간접목적보어 인칭대명사는 항상 사람을 나타내며 거의 동사 앞에 위치한다.[60]

Tu téléphones souvent à Paul? 너 뽈에게 자주 전화하니?

Oui. je lui téléphone tous les jours. 응, 그에게 매일 전화해

---

58) 간접목적보어 인칭대명사의 lui와 강세인칭 대명사 3인칭 남성 단수의 lui를 혼동해서는 안 된다. 앞에 강세인칭대명사의 용법을 참조할 것.
 • Tu as téléphoné à Paul? - Oui, je lui ai téléphoné hier. (간접)
 너 뽈에게 전화했니? 응, 어제 그에게 전화했어.
 • Tu travailles avec lui? (강세) 너 그와 함께 일하니?

59) 간접목적보어 인칭대명사 3인칭 복수의 leur와 소유형용사 3인칭 복수의 leur를 혼동해서는 안 된다. 소유형용사의 용법을 참조할 것.
 • Tu as parlé à tes parents? Oui, je leur ai parlé.(간접보어)
 너 부모님께 말씀드렸니? 응, 말씀드렸어.
 • Tu connais leur père? 너 그들의 아버지를 알고 있니?

60) 명령문에서 간접목적보어 인칭대명사는 동사 뒤에 위치하는 반면 부정명령문에서는 동사 앞에 위치한다.
 • Je téléphone à Marie? Oui, Téléphone-lui!
 마리에게 전화할까? 응, 그녀에게 전화해!
 • Non, ne lui téléphone pas aujourd'hui!
 아니, 그녀에게 오늘 전화하지 마

b) 직접목적보어 인칭대명사는 달리, 간접목적보어 인칭대명사 3인칭의 경우 성의 구분이 없다.

Elle écrit une lettre à Jean. = Elle lui écrit une lettre.

그녀는 장에게 편지를 쓴다.

Elle écrit à Isabelle. = Elle lui écrit une lettre.

Paul téléphone à ses filles. = Il leur parle.

Paul téléphone à ses fils. = Il leur parle.

③ 분리된 간접목적보어 인칭대명사

전치사 à 혹은 de에 의해 유도되는 명사를 대체한다. 전치사 뒤, 동사 다음에 위치한다. 생물과 무생물의 두 가지 형태가 있는데, 무생물의 경우는 항상 동사 앞에 위치한다.

s

A. 형태

à		de	
사물	사람	사물	사람
y	à moi	en	de moi
	à toi		de toi
	à lui / à elle		de lui / d'elle
	à nous		de nous
	à vous		de vous
	à eux / à elles		d'eux / d'elles
	à soi (한정되지 않는 주어)[61]		de soi(한정되지 않는 주어)

61) on, personne, tout le monde, chacun, quiconque등의 한정되지 않은 주어의 경우, à soi와 de soi를 사용한다.

• Quiconque ne pense qu'à soi ne peut être aimé.
제 생각만 하는 사람은 남의 사랑을 받을 수 없다.

B. 용법

a) 간접목적보어 인칭대명사와 분리된 간접목적보어 인칭대명사의 차이가 있다.

Je parle à Marie. - Je lui parle / Je pense à Marie. - Je pense à elle.

Je téléphone à Paul. - Je lui téléphone. / Je rêve à Paul - Je rêve à lui.

위 문장들의 차이는 상호성에 있다. 즉, 내가 말을 하거나(parler), 전화를 하면(téléphoner) 상대방은 내 말을 들을 수 있다. 또, 편지를 쓰는 경우(écrire) 상대방 역시 내 편지를 읽을 수 있거나 적어도 그렇게 생각할 수 있다. 반면, 오른 쪽에 있는 문장들의 경우, 상호성이 없다. 즉, 내가 누군가에 대해 생각하거나(penser, songer) 꿈을 꾸어도(rêver) 그 대상은 그 사실을 알지 못할 수도 있는데 이것은 동사가 가지고 있는 본유적인 의미적 특성에 따른 것이다.

- 간접목적보어 인칭대명사 : écrire, parler, téléphoner
- 분리 간접목적보어 인칭대명사[62)]: penser, rêver, songer

b) 간접목적보어 인칭대명사의 en과 y의 경우에서 주의해야 할 점이 있는데, en과 y는 항상 전치사 de혹은 à가 선행하는 무생물 명사를 나타낸다.[63)]

J'ai besoin de mes parents.

= J'ai besoin d'eux. 나는 부모님이 필요해

J'ai besoin de ton aide.

= J'en ai besoin. 나는 너의 도움이 필요해

---

62) 분리 간접목적보어 인칭대명사와 목적어를 직접과 간접 두 가지를 취하는 동사에서의 제 2 목적보어와 혼동해서는 안 된다.
- Il pense à Marie. Il donne ce cadeau à ses enfants.

63) 그러나 흔히 구어체에서 사람과 사물을 나타내기 위해 en과 y를 사용한다. 또한 한국어에서 답변의 경우, 의미상으로 en과 y에 해당하는 요소들을 사용하지 않는 경우가 있지만 프랑스어에서는 의무적이다
- Tu prends du café? 너 커피 마실래? Oui, j'en prends. 응 마실게
- Oui, je prends. 너 커피 마실래? 응, 마실래.
- Tu vas à l'école? 너 학교에 가니? Oui, j'y vais. Oui, je vais.

Je pense à mes parents.

= Je pense à eux. 나는 부모님에 대해 생각해

Je pense à mon avenir.

= J'y pense. 나는 내 장래에 대해 생각해

c) en의 용법은 다음과 같다.

- 부정관사 혹은 부분관사가 선행한 명사

Tu as un chien? Oui j'en ai un.

너 개 가지고 있니? 응, 한 마리를 가지고 있어.

Vous avez des enfants? Oui, j'en ai deux.

아이들이 있어요? 예, 두 명 있습니다.

Tu as de la chance. Tu en as toujours.

너는 운이 좋구나. 너는 항상 그래

- 전치사 de가 선행하는 사물명사

Je m'occupe de ces affaires.

= Je m'en occupe. 내가 그 일을 맡을게

Il s'occupe de sa mère.

= Il s'occupe d'elle. 그는 어머니를 돌본다.

- 명사의 보어

Tu as vu l'émission sur les animaux hier?

너 어제 동물들에 대한 방송을 봤니?

J'en ai vu une partie seulement.

= une partie de l'émission 단지 일부만 봤어.

- 출신지 또는 근원지의 장소에 대한 보어

Tu es déjà allé chez Marie? Oui, j'en arrive juste à l'instant.

= j'arrive de chez elle

너 마리네 집에 벌써 갔었니? 응, 거기에서 막 오는 길이야.

d) y 의 용법

• 전치사 à가 선행하는 무생물을 나타낸다.

Tu participes à cette réunion? Oui. j'y participe.

너 이 회의에 참석할거야? 응, 거기에 참석할거야.

Elle s'intéresse à la soirée dansante? Oui, elle s'y intéresse.

그녀는 무도회에 관심이 있니?/ 응, 그것에 관심있어해.

• 상황을 나타내는 장소 또는 예정지를 나타내기도 한다.

Vous allez à Paris?[64] Oui, j'y vais.

당신 파리에 갑니까? 예, 그곳에 갑니다.

Il rentre chez lui? Non. il n'y rentre pas.

그는 자기 집으로 돌아가니? 아니, 그곳으로 가지 않아.

• 절 혹은 부정법 전체를 대체할 수 있다.

Vous vous attendiez à ce qu'il accepte votre proposition?

당신은 그가 당신의 제안을 받아들일 것을 기대했습니까?

Non, je ne m'y attendais pas. 아니오, 그것을 기대하지 않았어요.

e) le의 용법

• 형용사 혹은 속사로 쓰인 명사에 의해 표현된 생각

Il est rapide comme l'éclair, mais elle, elle ne l'est pas.(le = rapide)

그는 번개처럼 빠르지만 그녀는 그렇지 않다.

Il n'est pas encore professeur, mais je suis certain qu'il le deviendra.

---

64) aller가 미래형이거나 조건법형태인 경우에는 결코 y를 쓰지 않는다.
• Vous irez à Paris? Oui. j'irai.

(le = professeu)

그는 아직 선생님이 아니지만, 그렇게 될 것이라고 확신한다.

• 동사에 의해 표현된 생각

J'ai envie de passer mon examen. 나는 시험을 통과하고 싶어.

Tu pourras le faire. le = passer ton examen

• 절 전체에 의해 표현된 생각

Il a gagné le grand prix au concours.

그가 대회에서 대상을 받았어.

Je ne peux pas le croire. le = qu'il a gagné le grand prix

나는 그것을 믿을 수가 없어.

④ 보어인칭대명사의 위치

A. 보어대명사가 하나일 때

a) 단순시제의 동사와 함께

• 대명사는 항상 동사 앞에 위치한다.

Tu aimes le cinéma? (직접보어 인칭 대명사)

너 영화를 좋아하니?

Oui, je l'adore. 응, 영화를 아주 좋아해

Tu téléphones à tes parents? 너 부모님께 자주 전화하니?

Oui. je leur téléphone souvent. (간접보어 인칭 대명사)

응, 부모님께 자주 전화해

Vous prenez souvent du café? 커피를 자주 드세요?

Oui. j'en prends trois fois par jour. 예, 하루에 세 번 마셔요.

b) 복합시제의 동사와 함께

• 대명사는 항상 조동사 앞에 위치한다.

Tu as rencontré Jean hier? 너 어제 쟝을 만났니?

Non, je ne l'ai pas rencontré. 아니 그를 만나지 않았어.

Tu as parlé à Jean? 너 장에게 말을 했니?

Oui, je lui ai parlé hier soir. 응, 어제 저녁에 그에게 말했어.

Tu es allé au cinéma tout seule? 너 영화관에 혼자 갔니?

Non, j'y suis allé avec Marie. 아니, 마리와 함께 그곳에 갔어.

c) 긍정명령문에서

• 대명사는 동사 뒤에 위치하는데, 이때 동사와 대명사 사이에는 -가 들어간다.

Tu as écouté cette chanson? Écoute-la, c'est magnifique!

너 이 노래 들었니? 이것을 들어봐, 정말 훌륭해.

Tu as besoin d'argent?Demandes-en[65] à ton père!

너 돈이 필요하니? 네 아버지께 달라고 해!

Si tu veux du pain,, a chètes-en. 너 빵을 원하면 그것을 사

A : Je veux aller à Paris. 나 파리에 가고 싶어.

B : Ah bon? Vas-y! 아 그래? 그럼 가!

Si ta mère te manque, téléphone-lui!

엄마가 보고 싶으면, 엄마에게 전화해!

• 직접, 간접목적보어 인칭대명사가 1인칭과 2인칭 단수의 경우, 강세 인칭대명사인 moi와 toi를 사용한다.

---

65) en과 y앞에서 -er로 끝나는 동사는 2인칭 단수의 형태에서 두 모음 사이에서 모음중복을 피하기 위해 명령문에서 -s를 붙인다.

	직접목적보어 인칭대명사	간접목적보어 인칭대명사
1인칭단수	Aide-moi! 나를 도와줘!	Téléphone-moi! 내게 전화해!
3인칭단수	Apportez-le, la 그것을 가져와요.	Obéissez-lui 그에게 복종해요.
1인칭복수	Attendez-nous 우릴 기다리세요.	Racontez-nous 우리에게 얘기해요.
3인칭복수	Cherchez-les 그것들을 찾으세요.	Écrivez-leur 그들에게 편지해요.

e) 부정명령문에서

• 대명사는 동사 앞에 위치한다.

Ne me dis pas comme ça! 나에게 그렇게 말하지 마!

Ne les invitez pas! 그들을 초대하지 마세요!

f) 동사가 두 개 있을 때[66)]

• 대명사는 어미변화를 한 동사와 원형 사이에 위치한다.

Tu parles français? Non. mais je voudrais l'apprendre.

너 프랑스어를 하니? 아니, 하지만 배우고 싶어.

Tu as besoin d'un chapeau? Oui, j'ai envie d'en acheter un.

너 모자가 필요하니? 응, 하나 사고 싶어.

Tu peux aller à Paris? Non. je ne peux pas y aller.

너 파리에 갈 수 있니? 아니, 그곳에 갈 수 없어.

---

66) 첫 번째 동사가 "faire ~하다, laisser ~을 놔두다, voir ~이 보이다, regarder ~을 보다, entendre ~이 들리다, écouter ~을 듣다, envoyer ~을 보내다" 등이고 뒤에 원형의 동사가 오는 경우, 보어대명사는 두 동사 앞에 위치한다.

• Tu le laisses partir? 그를 떠나게 그냥 두는 거니?
Elle l'écoute chanter. 그녀는 그가 노래하는 것을 듣는다.
Vous me faites visiter votre maison? 당신 집을 제가 방문해도 되겠어요?

⑤ 보어대명사가 두 개 일 때

a) en과 y이외의 보어 대명사

• 목적보어가 1, 2인칭이고, 다른 하나가 3인칭 일 때 1, 2인칭이 3인칭보다 앞에 위치한다.

Jean me donne un cadeau. - Jean me le donne. 쟝은 내게 선물을 준다.

Il me présente à Pierre. - Il me lui présente.

그가 나를 삐에르에게 소개한다.

Ne me demande pas sa nouvelle!- Ne me le demande pas![67]

나에게 그의 소식을 묻지 마!

Ne lui dis pas sa mort!- Ne le lui dis pas!

그에게 그의 죽음을 말하지 마!

• 목적보어가 둘 다 3인칭인 경우, 직접목적보어가 간접목적보어 앞에 위치한다.[68]

Il cache son secret à sa femme. - Il le lui cache.

그는 비밀을 아내에게 숨긴다.

Il achète des cadeaux aux enfants. - Il les leur achète.

그는 아이들에게 선물을 사준다.

---

67) 긍정명령문에서 직접목적보어 인칭대명사는 간접목적보어 인칭대명사 앞에 위치한다.
• Empruntez-moi votre voiture.- Empruntez-la-moi. 당신의 자동차를 제게 빌려주세요. Demandez-le à ton amie! -Demandez-le-lui! 그것을 너의 친구에게 부탁해!

68) 구어의 경우 목적보어인칭대명사가 3인칭으로서 두 개가 나란히 한 문장에 나오는 경우 흔히 직접목적보어를 문장 앞에 사용하고 보어인칭대명사로 받지 않음으로써 보어인칭대명사들이 나열되는 것을 피하는 경향이 있는데, 이는 다분히 발음상의 이유이다.
• Il a donné les cadeaux à ses enfants. 그는 선물들을 아이들에게 주었다.
☞ Il les leur a donné. Les cadeaux, il leur a donné. (Les cadeaux, il les leur a donné 대신에) 이는 세 개의 l이 연속해서 나오는 것을 발음하기란 쉽지 않기 때문이다.

b) en과 y의 경우

• en은 모든 경우에 다른 보어대명사 뒤에 위치한다.[69]

Il m'a acheté des gâteaux. - Il m'en a acheté.

그는 내게 케익들을 사줬어.

Il offre des jouets à ses enfants. - Il leur en offre.

그는 아이들에게 장난감을 사준다.

Ne nous demande pas de l'argent! -Ne nous en demande pas.

우리에게 돈을 요구하지 마!

Raconte-nous des histoires! - Raconte-nous-en!

우리에게 이야기를 해봐!

Raconte des histoires aux enfants. - Raconte-leur-en!

아이들에게 얘기를 해줘.

• y역시 다른 보어대명사 뒤에 위치한다.

Il accompagne ses amies à la gare. - Il les y accompagne.

그는 친구들을 역까지 마중한다.

N'emmenez pas les enfants au zoo! - Ne les y emmenez pas.

아이들을 동물원에 데려가지 마세요.

⑥ 보어대명사의 생략

보어가 뒤따르거나 혹은 뒤따르지 않는 동사 원형을 유도하는 다음의 몇몇 동사들의 경우 문장 전체를 받는 중성인칭대명사 le는 생략되거나 삭제될 수 있다.

---

69) 복합시제에서 직접목적보어 인칭대명사가 en일 때 과거분사의 일치는 일어나지 않는다.
• Il a acheté une voiture. - Il l'a achetée. 그는 자동차를 샀다.
Il a acheté des voitures. - Il en a acheté.

accepter 받아들이다.	Vous acceptez ma proposition? Oui, j'accepte. 제 제안을 받아들이시겠어요? 예, 받아들이죠.
aimer 좋아하다.	Tu aimes regarder la télé? Oui, j'aime. 너 텔레비전 보는 것을 좋아해? 응, 좋아해
apprendre 배우다.	Tu apprends le français? Oui, j'apprends. 너 프랑스어를 배우니? 응, 배우고 있어.
commencer 시작하다.	Tu commencę le travail? Oui, je commence. 너 일을 시작하니? 응, 시작해
continuer 계속하다.	Tu as arrêté le travail? Non, je continue. 너 일을 그만두었니? 아니, 계속해
essayer 시도하다.	Tu as essayé de lui parler? Oui, j'ai essayé. 너 그에게 말을 시도해봤어? 응. 시도해봤어.
finir 끝내다.	Tu as fini de ranger ta chambre? Oui, j'ai fini. 너 네 방 청소를 끝냈니? 응, 끝냈어.
oser 감히 -하다.	Tu as osé lui demander ça? Non, je n'ai pas osé. 너 감히 그에게 그것을 요구했어? 아니, 감히 못했어.
oublier 잊다.	Tu as oublié de lui téléphoner? Oui, j'ai oublié. 너 그에게 전화하는 것을 잊었니? 응. 잊어버렸어.
pouvoir ~할 수 있다.	Tu as pu acheter le billet d'avion? Non. je n'ai pas pu. 너 비행기표를 살 수 있었니? 아니, 못 샀어.
vouloir ~하고 싶다.	Tu veux aller au cinéma avec moi? Oui, je veux bien. 너 나랑 극장에 가고 싶니? 응, 가고 싶어.

4. 지시형용사와 지시대명사

1) 지시형용사(l'adjectif démonstratif)

A. 형태

남성단수	모음, h로 시작하는 남성단수	여성단수	남, 여 복수
ce	cet	cette	ces

B. 용법

① 한정적 가치

정관사와 마찬가지로 한정적 가치를 가지는데, 흔히 손 혹은 머리와 같은 신체의 일부를 사용하여 그 대상을 지칭하기도 한다.

J'ai acheté cette voiture. 나는 이 자동차를 샀어.

② 방금 언급하였거나, 곧 언급할 사람 혹은 사물을 나타낸다.

Écoute cette histoire! 이 이야기를 들어봐!

Tu connais bien cet homme qui vient de te téléphoner?

너한테 방금 전화한 그 남자를 너 잘 알고 있니?

③ 부사 -ci와 함께 가까운 시간대를 나타낸다.[70)]

---

70) 그러나 문맥에 의해 시간대를 알 수 있는 경우 ci를 쓰지 않는다.

- Qu'est-ce que tu fais ce soir? ce = aujourd'hui 너 오늘 저녁에 뭐 할 거니?

Tu travailles trop ces jours-ci.(hier 어제, avant-hier 그제)

너 요즘 너무 열심히 공부하는데.

④ 부사 -là와 함께 약간 거리가 있는 시간대를 나타낸다.(과거)[71]

Il faisait très froid ce matin-là. 그날 아침 날씨가 몹시 추었다.

⑤ -ci와 -là와 함께 대립되거나 구체화시키는데 사용한다.

Je choisis ce livre-ci, et toi., tu choisis ce livre-là.

나는 여기 이 책을 고를 테니까 너는 저기 저 책을 골라

⑥ 분노, 업신여김, 존경 또는 예의등과 같은 감정을 나타낸다.

Ah, ces élèves! 아, 이 한심한 학생들 같으니라구!

Qu'est-ce que je sers à ces messieurs? 손님들께서는 무엇을 드시겠습니까?

⑦ en ce moment은 현재를 나타내는 반면 à ce moment-là는 과거 혹은 미래에 관한 표현에 사용된다.

Il est absent en ce moment. 그는 현재 자리에 없습니다.

Paul est entré à ce moment-là. 바로 그 순간에 뽈이 들어왔다.

---

71) 문맥에 의해 이 거리가 잘 표현되어 있는 경우, là를 쓰지 않는다.
• À cette-époque, il n'y avait pas de voiture. 그 시대에는 자동차가 없었다.

2). 지시대명사(le pronom démonstratif)

A. 형태

단수		복수		중성	
남 성	여 성	남 성	여 성	ce	
celui	celle	ceux	celles	c'+모음	
celui-ci	celle-ci	ceux-ci	celles-ci	ceci	cela
celui-là	celle-là	ceux-là	celles-là	ça	

B. 용법

① 단순형태(celui, ceux, celle, celles)

a) 전치사 de

• de + 소유의 의미를 나타내는 명사

Quelle jolie voiture! Elle est à toi? Non, c'est celle de mon père.

예쁜 차인데! 네 거니? 아니, 나의 아버지의 것이야.

• de + 부사

Tu as regardé le match de football hier?
너 어제 축구 경기 봤니?

Oui, mais celui d'aujourd'hui sera plus intéressant.

응, 하지만 오늘 경기가 더 흥미로울 거야.

• de + 동사의 원형

Il aime beaucoup de sports et surtout celui de jouer avec une balle.

그는 많은 운동을 좋아하는데, 특히 공을 가지고 하는 운동을 좋아한다.

b) 관계대명사

Montrez-moi le livre, celui que vous lisez.
당신이 읽고 있는 책을 제게 보여주세요.

Tu as vu le film, celui dont tout le monde parle en ce moment?

너 요즘 모든 사람들이 말하고 있는 그 영화를 봤니?

② 복합형태(celui-ci, celui-là, ceux-ci, ceux-là, celle-ci, celle-là, celles-ci, celles-là)

a) 문맥에 의해 한정되는 명사

Il a invité ses amis au dîner ; ceux-ci apportaient beaucoup de cadeaux.

그는 저녁 식사에 친구들을 초대했어;

그들은 많은 선물을 가져왔어.

b) 지시형용사가 선행하는 명사

Cette voiture est très belle, mais celle-là me semble plus pratique.

이 자동차는 아주 예뻐, 하지만 저 차가 더 실용적일 것 같아.

c) 대립의 가치[72]

• ci는 가까운 것을 나타내고 -là는 먼 것을 나타낸다.

Celui-ci coûte plus cher que celui-là.

이것이 저것보다. 더 비싸

• ci는 후자, -là는 전자를 나타낸다.

J'ai un chien et une chatte ; celle-ci est mignonne, mais celui-là est moche.

나는 개와 고양이가 있어 : 고양이는 예쁜데 개는 못생겼어.

• ci는 어떤 것, -là는 또 다른 어떤 것을 나타낸다.

Il y avait beaucoup de femmes, celles-ci chantaient, celles-là dansaient.

많은 여인들이 있었는데, 어떤 여인들을 노래를 했고 또 다른 여인들은 춤을 췄다.

---

72) 그러나 오늘날 이 대립은 항상 지켜지는 것은 아니며 là를 사용하는 경우가 많다.

③ 중성형(ceci, cela, ça, c')

중성형 지시대명사들은 명사를 대신하는 것이 아니라 절을 대신한다. 따라서 생물을 나타내는 명사를 대체할 수 없다.

a) 원칙적으로 ceci는 앞으로 언급할 내용을 대체하는 반면 cela는 이미 언급한 내용을 대체한다.

Écoutez bien ceci! : Vous devez partir demain.

이것을 잘 들으세요. 당신은 내일 떠나야 해요.

b) ça

• cela의 구어체적 표현이다.

Qu'est-ce que c'est que ça? 이게 도대체 뭐야?

• 보어대명사를 동반한 비인칭 동사와 함께 쓰인다.

Tu aimes ce livre? Non, ça ne me plaît pas.

이 책을 좋아하니? 아니, 그것은 내 마음에 들지 않아

c) ce

• 중성관계절을 유도한다.

Je ne comprends pas ce que tu dis.

네가 말하는 것을 이해 못하겠어.

• être, pourvoir être, devoir être의 주어로서 소개 혹은 강조의 뜻을 나타낼 때 쓰인다.

Qui est cet homme sur la photo? C'est mon père.

사진 속에 이 남자는 누구니? 내 아버지셔.

Qui a cassé cette vase? C'est moi.[73]

이 꽃병을 누가 깼지? 제가요.

73) ce sont eux, ce sont elles의 경우 구어체에서는 c'est eux, c'est elles로 쓴다.

5. 소유형용사와 소유대명사

1) 소유형용사

A. 형태

인칭	한정된 명사				
	남,여+ 모음	남 + 자음	여 + 자음	+ 자음	+ 모음
1.S	mon [mɔn]	mon [mɔ̃]	ma [ma]	mes [me]	[mez]
2.S	ton [tɔn]	ton [tɔ̃]	ta [ta]	tes [te]	[tez]
3.S	son [sɔn]	son [sɔ̃]	sa [sa]	ses [se]	[sez]
1.P	notre [nɔtR]			nos [no]	[noz]
2.P	votre [vɔtR]			vos [vo]	[voz]
3.P	leur [loer]			leurs [loer]	[loeRz]

a) 두 개의 모음이 만나는 것을 피하기 위해, 여성의 형태인 ma, ta, sa는 모음 또는 묵음의 h로 시작하는 여성 명사 앞에서 mon, ton, son으로 대체한다.[74)]

mon école(여성) ton hôtel 묵음의 h

b) 소유형용사 leur와 간접목적보어 인칭대명사 leur를 구분해야 한다.

• 소유형용사 leur는 단수(leur ami) 혹은 복수(leurs amis)가 될 수 있는 반면 대명사 leur의 형태는 불변이다.

---

74) 유음의 h로 시작하는 여성 단수명사 앞에서는 ma, ta, sa를 그대로 사용한다.
 • sa hauteur

• 소유형용사는 항상 명사 앞에 위치하는 반면 대명사 leur는 동사 앞에 위치한다.

Ils aiment leur chien.

그들은 그들의 개를 좋아한다. : 소유형용사

Paul leur téléphone.

뽈은 그들에게 전화를 한다. : 대명사

c) on

• on이 <그들 : ils>이나 <사람들 : les gens>을 의미하는 경우 소유형용사는 son, sa, ses인 반면, <우리들 = nous>인 경우에는 notre, nos가 된다.

Dans la vie, on cherche toujours son bonheur.

인생에서 사람들은 항상 자신의 행복을 추구한다.

Ma femme et moi, on adore notre enfant.

내 아내와 나는 우리의 아이를 아주 좋아합니다.

B. 용법

a) 소유형용사는 소유의 개념을 나타내며 명사의 보어의 가치를 갖는다.

Paul a une voiture. C'est la voiture de Paul. C'est sa voiture.

뽈은 차를 가지고 있다. 그것은 뽈의 차이다.

Marie et Jean ont un appartement, c'est l'appartement de Marie et Jean, c'est leur appartement.

마리와 장은 아파트를 가지고 있다. 그것은 마리와 장의 아파트이다.

b) 소유형용사는 상황, 습관의 다소간 막연한 관계를 나타낼 수 있다.

Elle a passé ses examens.

그녀는 시험을 통과했다. : 소유의 관계가 아닌 상황의 관계

Tu as acheté ton pain?

너 너의 빵을 샀니? : 습관적으로 네가 사는 그 빵

Je vais boire mon café. 나는 내 커피를 마실꺼야

: 매일 습관적으로 내가 마시는 그 카페

c) 애정이나 존경, 또는 업신여김이 깃든 표현

Alors, mon petit Jean, ça va bien? 그래, 내 사랑하는 장, 잘 지내니?

Oh, il n'est pas très malin, ton monsieur Machin.

d) 소유하고 있는 사람이 명확할 때(예를 들어, 신체의 일부) 정관사가 소유형용사의 기능을 대체한다.

J'ai mal au ventre. 나는 배가 아파

Il s'est cassé le bras. 그는 팔이 부러졌어.

e) 인칭대명사 en + 정관사 + 명사는 소유형용사를 대체할 수 있다.

J'habite dans cette ville depuis 20 ans, et j'en connais touts les rues.= les rues de la ville

나는 20년 전부터 이 마을에 살고 있어, 그래서 이 마을의 모든 거리를 알지

2). 소유대명사(le pronom possessif)

A. 형태

	단수		복수	
	남성	여성	남성	여성
moi	le mien	la mienne	les miens	les miennes
toi	le tien	la tienne	les tiens	les tiennes
1ui elle	le sien	la sienne	les siens	les siennes

	단수		복수	
	남성	여성	남성	여성
nous	le nôtre	la nôtre	les nôtres	
vous	le vôtre	la vôtre	les vôtres	
eux elles	le leur	la leur	les leurs	

a) 소유대명사는 정관사 + mien, tien,...으로 구성되어 있는데, 성과 수 그리고 인칭에 따라 형태가 변한다.[75)]

Voici mon livre et voilà le tien(=ton livre).

이것은 내 책이고 저것은 네 것이야.

b) 소유형용사의 경우 o위에 ^이 없는 반면, 소유대명사의 경우 1, 2인칭 복수에서 o위에 ^이 있다.

C'est votre chien? Oui, c'est le nôtre.

이것이 당신의 개입니까? 예, 우리의 것입니다.

B. 용법

a) 소유대명사는 반복을 피하기 위해 소유형용사가 선행하는 명사를 대체한다.

Je vais aller chercher mes enfants et les tiens à l'école.(=tes enfants)

나는 내 아이들과 너의 아이들을 찾으러 학교에 갈 거야.

---

75) 전치사 de와 à그리고 정관사의 축약

de + les - des	Les coréens ont des habitudes différents des vôtres. 한국 사람들은 당신들의 습관과는 다른 습관을 갖고 있다.
à + les - aux	Elle ne pense pas à mes difficultés, elle ne pense qu'aux siennes. 그녀는 내 어려움은 생각지 않고 자기 어려움만 생각한다.

b) 소유대명사는 명사의 모든 기능을 갖는다.

• 주어

Et votre fils? Il travaille bien? Non. Le mien ne travaille pas.

당신의 아들은요? 공부 잘합니까? 아니오. 내 아들은 공부를 안 해요.

• 직접목적보어

J'ai vendu la mienne l'année dernière.

나는 지난해에 나의 것을 팔았어요.

c) 명사의 가치를 가질 수 있다.

On gagne de l'argent pour les siens(=sa famille).

사람들은 가족을 위해 돈을 번다.

Qui a perdu? Les vôtre(=votre équipe)

누가 졌습니까? 당신 팀이요

d) À la nôtre(=à notre santé), à la tienne(=à ta santé), à la vôtre(=à votre santé).

6. 의문형용사와 대명사

1) 의문형용사

A. 형태[76)]

남성단수	여성단수	남성복수	여성복수
Quel	Quelle	Quels	Quelles

B. 용법

① 의문형용사는 사람 또는 사물에 대한 정체 또는 특성에 관해 묻는다.

Quel temps fait-il? 날씨가 어때요?

Quel est votre numéro de téléphone? 당신 전화번호가 어떻게 되죠?

Quelle maison voulez-vous acheter? 어떤 집을 사길 원하세요?

76) 의문형용사는 감탄형용사와 형태가 같으며 억양과 함께 호감, 반감, 찬양, 경멸, 만족, 분노 등의 감정을 나타낸다.

- Quel beau temps! 정말로 좋은 날씨군!
- Quelle pauvre femme! 정말 가련한 여인이군!

2) 의문대명사

A. 형태

기능	생물	무생물	형태
주어	qui	-	단순형
	qui est-ce qui	qu'est-ce qui	복합형
직접목적보어	qui	que / quoi	단순형
	qui est-ce que	qu'est-ce que	복합형
속사	qui / que	que	단순형
	qui est-ce que	qu'est-ce que	복합형
	qu'est-ce que		
전치사보어	전치사 + qui	전치사 + quoi	복합형
	전치사 + qui est-ce que	전치사 + quoi est-ce que	복합형

① 주어

a) 사람

qui - Qui vient? 누가 오는데?

b) 사물

qu'est-ce qui - Qu'est-ce qui l'empêche de parler?

그것을 말하지 못하게 하는 게 뭔데?

c) 비인칭 구문

que - Que se passe-t-il?

무슨 일이야?

② 주어의 속사

a) 사람

qui - Qui êtes-vous? 당신은 누구십니까?

b) 사람이나 사물

que - Que puis-je faire sans vous?

당신 없이 내가 무엇을 할 수 있을까요?

③ 직접목적어

a) 사람

qui - Qui voyez-vous?

당신 누구를 보십니까?

b) 사물이나 동물

que - Que voyez-vous? 무엇을 보십니까?

quoi - Tu lui as dit quoi? 너 그에게 무엇을 말했니?

④ 간접목적어

a) 사람이나 동물

: à qui, pour qui, avec qui, de qui

Pour qui travaillez-vous?

누구를 위해 일하십니까?

Avec qui chantez-vous?

누구와 함께 노래를 하십니까?

b) 사물

: à quoi, avec quoi?

A quoi penses-tu? 너 무엇에 대해 생각하니?

☑ 이미 언급된 생물 또는 문맥에 의해 한정된 생물에 대한 의문대명사

<table>
<tr><th></th><th colspan="2">남 성</th><th>여 성</th></tr>
<tr><td rowspan="2">주어,
직접목적어</td><td>단수</td><td>lequel</td><td>laquelle</td></tr>
<tr><td>복수</td><td>lesquels</td><td>lesquelles</td></tr>
<tr><td rowspan="2">간접보어</td><td>단수</td><td>auquel, duquel
par lesquel</td><td>à laquelle
par laquelle</td></tr>
<tr><td>복수</td><td>auxquels, desquels
par lesquels</td><td>auxquelles
par lesquelles</td></tr>
</table>

De ces fillettes, lesquelles sont les tiennes?

이 소녀들 중에서 누가 너의 딸들이니?

7. 관계대명사

1) 형태

	선행사		
기 능	생 물	무 생 물	생물 또는 무생물
주 어	qui		lequel, laquelle
직접목적 속사	que		
전치사보어	전치사 + qui dont	전치사 + quoi dont	전치사 + lequel, auquel, duquel
	단 순 형		복 합 형
	형 태		

2) 단순 형태의 용법

① qui

a) 주어, 사람의 전치사보어

J'ai un ami. Il vient de la Corée. - J'ai un ami qui vient de la Corée.

나는 한국에서 온 친구가 있다.

Le client qui est satisfait.. 만족한 손님

C'est un collaborateur sur qui on peut compter.

그는 우리가 믿을 수 있는 협력자다.

b) ce qui + 비인칭 동사

ce qui는 주어인 경우, ce qu'il은 직접목적보어의 경우에 사용한다.

Raconte-moi ce qui s'est passé. 무슨 일이 일어났는지 나에게 말해줘

Volà ce qu'il reste. 이게 남은 것이야.

② que : 직접목적어, 속사

l'itinéraire que je suis 내가 간 여정

le grammairien qu'il était 그는 문법학자 였다.

③ dont : 전치사 de가 선행하는 관계대명사에 해당하는 것으로,

a) 명사의 보어

le restaurant dont je connais l'adresse 내가 주소를 알고 있는 식당

le restaurant dont je ne me souviens plus de l'adresse

b) 동사의 간접보어 명사 혹은 대명사[77)]

le restaurant dont je t'ai parlé S네게 말했던 식당

le restaurant dont je t'ai parlé du menu

c) 형용사의 보어 명사

Voici la femme dont je suis amoureux.(=je suis amoureux de cette femme)

저 여인이 내가 사랑에 빠진 여인이다.

d) 수를 나타내는 명사의 보어 명사

J'avais vingt animaux dont dix sont des chiens.(=dix de ces vingt animaux)

나는 20마리의 동물을 키우는데 10마리는 개다.

---

77) C'est cette femme dont je t'ai parlé./ C'est de cette femme dont je t'ai parlé/ C'est de cette femme dont je t'ai parlé. 위 두 개의 문장은 가능하지만 세 번째 문장은 비문법적인데 그 이유는 바로 중복성에 의한 것으로서 de가 반복되고 있기 때문이다.

③ où : à 또는 dans처럼 장소나 시간이 전치사가 선행하는 관계대명사에 해당

a) 장소의 보어

J'ai vendu la maison; je suis née dans cette maison

J'ai vendu la maison où je suis né.

나는 내가 태어난 집을 팔았다.

l'endroit où nous nous sommes rencontrés

우리가 만났던 그 장소

b) 시간의 보어

Ma fille est née l'année où j'étais en Corée.

내 딸은 내가 한국에 있던 해에 태어났다.

④ d'où : 근원지를 나타낸다.

le pays d'où je viens 내가 온 나라

3) 복합형태의 용법

복합형인 lequel, laquelle, lesquel(le)s, 그리고 전치사와의 축약형들(à qui, duquel, desquels, auquel, auxquels)은 의문대명사와 같다. 선행사와 대명사이고 무생물인 경우, 전치사 뒤에 사용된다.

- les troupes sur l'arrivée desquelles le général comptait tant.
  장군이 그렇게 믿던 군대의 도착.

- le garçon à qui je t'ai présenté est lycéen.
  내가 너에게 소개했던 그 아이는 고등학생이야.

☞ 선행사의 정체에 대한 애매성을 피하기 위해 동격의 관계절에서 주어로 사용되기도 한다.

- le mari de ma voisine lequel / laquelle ...

8. 수 형용사

1) 기수들(les nombres cardinaux)

① 형태

• 불변이다.[78]

J'ai deux chiens et deux chattes.

나는 개 두 마리와 암코양이 두 마리가 있다.

• vingt 20과 cent 100은 나누어서 0 이 되는 배의 숫자의 경우 -s를 붙이는 반면 나머지가 0이 아닌 경우 -s를 붙이지 않는다.

deux cents, trois cents / deux cent deux, trois cent cinq

• mille은 항상 불변이다.

Ça coûte sept mille euros. 그것의 값은 7000유로이다.

Les Mille et Une Nuits 천일야화

• 100 이하의 수의 경우, 복합된 수는 -를 사용한다.[79]

vingt-deux 22, trente-trois 33

---

78) 단 하나인 un / une의 경우는 예외이다.
 • vingt et un / vingt et une

79) 두 자리 숫자 중 끝이 1인 경우 대부분 et un이 되며 ~을 쓰지 않고 단 81, 91은 -를 쓴다.
 • vingt et un 21 trente et un 31 quarante et un 41 cinquante et un 51 soixante et un 61 soixante et onze 71 quatre-vingt-un 81 quatre-vingt-onze 91

② 발음

a) neuf는 ans과 heures앞에서만 v발음이 된다.

Il a neuf enfants. Cet enfant a neuf ans. Il est neuf heures.

그는 아이가 9이다. 이 아이는 9살이다. 9시다.

b) six 6 와 dix 10

• 홀로 쓰이는 경우 -s발음이 된다.

Vous êtes combien de personnes? Six.

• 모음 또는 묵음의 h로 시작하는 단어 앞에서 -z발음이 된다.

Il y a six étudiants dans cette classe. 교실에 10명의 학생이 있다.

• 자음으로 시작하는 단어 앞에서 마지막 철자 x는 발음되지 않는다.

J'attends le bus depuis dix minutes. 10분전부터 버스를 기다린다.

c) cinq 5, sept 7, huit 8

• 단독으로 쓰이거나 모음 또는 묵음의 h로 시작하는 단어 앞에서 마지막 자음들의 발음 k, t, t는 발음된다. :

Il a sept ans.

• 자음으로 시작하는 단어 앞에서는 일반적으로 발음되지 않는다.[80)]

Elle a cinq livres.

③ 용법

a) 단독으로 명사의 한정사로 쓰일 수 있다.

Il a trois chiens. 그는 개를 세 마리 가지고 있다.

Il est onze heures. 11시다.

---

80) 그러나 많은 프랑스인들이 실제로 발음하는 경향이 있다.

b) 항상 명사 앞에 쓰인다.81)

Il a deux enfants. 그는 아이가 둘이다.

2) 서수들(les nombres ordinaux)

① 형태

a) 숫자에 -ème를 붙여 만든다.82)

deux - deuxièmetrois - troisième

b) 21e(vingt et unième), 31e(trente et unième), 41(quarante et unième)

Au concours, il a été reçu vingt et unième sur deux cents candidats.

대회에서 그는 200명의 후보자 중 21위를 했다.

② 용법

a) 형용사로서 서수는 속사(attributs) 또는 부가사(épithètes)의 기능을 하는데, 역할에 따라 의미가 바뀐다.83)

L'équipe chinoise est arrivé premier.

속사 : 중국 팀이 맨 먼저(선두로) 도착했다.

La première équipe était japonaise.

첫 번째 팀은 일본 팀이었다.

---

81) 단, 연속성의 순서를 나타내는 경우 명사 뒤에 쓰인다.
- Louis XIII est le père de Louis XIV. 루이 13세는 루이 14세의 아버지다.
- Ouvrez le livre au chapitre trois. 책 제 3장을 펴세요.
- Il manque la page 45. 45페이지가 빠져 있어.

82) premier 첫 번째. première는 예외

83) permier와 dernier는 기수와 함께 쓰일 수 있는데, 이 경우 기수 뒤에 위치한다.
- Lisez les trois derniers chapitres du livre. 책의 마지막 세 번째 장을 읽으세요.
- Faites les deux premiers exercices. 처음에 있는 두 연습문제를 푸세요.

b) 한정사(관사, 소유형용사 또는 지시형용사) 가 선행할 수 있다.

Mon deuxième[84)]enfant a gagné le grand prix au concours.

내 두 번째 아이가 경연대회에서 대상을 받았어.

c) 서수는 수에 일치한다.

Ce sont les troisièmes jeux Olympiques auxquels il participe.

d) 파생 부사인 -ment는 서수에서부터 시작된다.

premièrement 첫 번째로, deuxièmement 두 번째로

3) 수에서 파생된 단어들

① 일부와 퍼센트

a) 일부를 나타내는 수들 중 가장 잘 알려진 것들은 다음과 같다.

un demi(½), un tiers(⅓), un quart(¼), un dixième(1/10).

• 이들은 정관사 혹은 부정관사가 선행한다.

Les trois quarts de ces livres sont à moi.

이 책들 중에 4분의 3은 내꺼야.

Il donne un tiers de l'argent qu'il gagne à ses parents.

그는 자신이 버는 돈의 3분의 1은 부모님께 드린다.

b) demi는 여성 단수 명사 뒤에 위치하면서 이 명사와 일치한다.[85)]

---

84) deuxième는 두 개 이상의 구성체 중 두 번째라는 의미인 반면, seconde는 단지 두 개만이 있는 경우에서 두 번째라는 의미의 차이가 있다.

• Il a été classé deuxième sur trente au second semestre. 그는 2학기에 30명 중 2번째를 차지했다.

85) demi에 해당하는 명사는 la moitié(절반)이다.

• Il a bu un demi-litre de l'eau(=la moitié de l'eau) 그는 반 리터의 물을 마셨다.

• un demi-journée(= la moitié 'une journée) 반나절.

☞ 그러나 카페에서 demi를 주문하는 경우, 맥주 반 리터의 의미가 아니라 4분의 1리

J'arriverai à la gare dans une demi-heure, Il ne pourra pas y arrriver avant une heure et demie.

나는 30분 안에 역에 도착하지만, 그는 1시 반 이전에는 도착하지 못할 거야.

c) 퍼센트 역시 전체 중에 일부분을 나타내는데, **de** + 명사가 뒤에 올 수 있다.

Dans cette classe, 30% des étudiants vont aller à l'université.

이 교실에서 학생들의 30퍼센트가 대학에 진학할 것이다.

Dans les années 1980, en France, 12 % de la population était au chômage. 1980년대에 인구의 12%가 실업자였다.

② 집단적인 수

a) 특정한 기수[86] 에다가 **-aine**를 첨가하여 형성한다.

douze - douzaine

b) **de** + 명사가 뒤따른다.

Dans ce cours, il n'y a qu'une trentaine d'inscrits pour le moment mais on attend une centaines d'étudiants.

이 수업에는 현재로는 30여명의 등록자만 있지만 백여 명의 학생을 기대한다.

터에 해당하는 맥주 한 잔을 의미한다.

86) 모든 수가 다 집단의 수로 사용되지는 못한다.

- huit - huitaine dix - dizaine(* dixaine)douze - quinze - quinzaine
- vingt - une vingtaine trente - une trentaine quarante - quarantaine
- cinquante - cinquantaine soixante - soixantaine
- cent - centaine mille - millier • une vingtaine, une ciquantaine <> * deux vingtaine, deux cinquantaine
- une centaine, des centaines, quelques centaines, plusieurs centaines
- un millier, des milliers, quelques milliers, plusieurs milliers <> * deux centaines, deux milliers

☞ douzaine는 예외다 deux douzaines d'oeufs, cinq douzaines d'huîtres

Il y a quelques centaines d'années, beaucoup de tigres vivaient dans la montagne.

수백 년 전에, 많은 호랑이들이 산에 살고 있었다.

c) 대략적인 숫자를 나타낸다.

Une douzaines[87] étudiants sont inscrits dans ce cours.

대략 10명 정도의 학생들이 이 강의에 등록했다.

Cet éléphant pèse une centaine de kilos.

이 코끼리는 대략 백 킬로 정도 무게가 나간다.

③ 수에서 파생된 명사들

a) million 백만, milliard 억은 배수인 경우 -s를 붙인다.

또한 de + 명사가 뒤따라올 수 있다.

Il y a trois millions d'habitants dans cette ville.

이 마을에는 3백만 명의 주민이 있다.

La Chine compte plus de deux milliards d'habitants.

중국은 2억이 넘는 주민이 살고 있다.

b) -aire 로 끝나는 명사들은 항상 나이에 관계된다.

En 1989. la France a commémoré le bicentenaire de la Révolution.

1989년에 프랑스는 혁명 200주년을 기념했다.

④ 집단을 나타내는 수 명사들

a) un duo, un couple(사람의 경우), une paire(특히 사물의 경우), un trio

---

87) 하지만 달걀을 구입하는 경우 une douzaine d'oeufs는 정확히 12개의 달걀을 의미한다.

Une paire de chaussures 양말 한 켤레

⑤ -배를 나타내는 수

a) double 두 배, triple 세 배, quadruple 네 배, décuple 10배, centuple 100배

J'ai payé le triple du prix prévu.

나는 예상 금액보다. 세 배를 지불했다.

Je le rendrai au centuple.

그것을 백배로 돌려주겠어.

9. 부정형용사와 대명사 (adjectifs indéfinis et pronoms indéfinis)

1) 부정 형용사

① "양적으로 제로"를 나타내는 부정형용사들

a) nul(le)(=pas un, pas une) : ne또는 sans과 함께 쓰이거나 홀로 쓰인다.[88]

Comme il a bien travaillé, je suis sûr qu'il va réussir à son examen, sans nulle doute.

그가 열심히 공부했기 때문에, 나는 그가 틀림없이 시험에 합격할 것이라고 확신한다.

b) aucun : "제로"의 양을 나타내며 ne, ne.. plus, ne.. jamais 또는 전치사 sans이 선행한다.

Je n'ai aucune confiance en lui.

나는 전혀 그를 신뢰하지 않는다.

② 부분적인 양을 나타내는 부정형용사들

a) certain(e)

• 단수에서 관사 un(e)과 함께 쓰인다.[89]

---

88) être동사 다음에 nul은 품질형용사로서 형편없는(=sans aucune valeur)의 의미를 갖는다.
 • Il est nul en maths. 그는 수학 실력이 형편없어.

89) certain은 문맥에 따라 의미가 달라지는데, 명사 뒤 또는 동사 être뒤에서 품질형용사로서 <확실한(=sûr)>의 뜻을 나타내는 반면 명사 앞에서는 "어떤"의 의미를 나타낸다.

Un certain nombre des preuves nous montrent qu'il est innocent.

몇몇 증거들이 우리에게 그가 무죄라는 것을 보여준다.

- 복수에서는 관사 없이 사용한다(다른 사람들 중에서 어떤 사람들).

Certains étudiants ne veulent pas travailler.

어떤 학생들은 공부하기를 원치 않는다.

b) quelque[90]

- 단수에서 홀로 쓰이며 한정되지 않은 양을 나타낸다.

J'ai passé quelque temps à la campagne. =un peu de temps)

나는 얼마 동안을 교외에서 보냈다.

- 복수에서 한정사와 함께 쓰일 수 있으며 <얼마 되지 않는 수>의 제약적인 의미를 갖는다.

La bibliothèque était presque vide ; seuls, quelques étudiants travaillaient encore.

도서관은 거의 비었다. ; 단지 몇몇 학생들만이 아직 공부하고 있었다.

Les quelques articles sont encore en soldes.

몇몇 상품들이 아직 할인 판매 중이다.

c) **plusieurs** : 둘 이상의 뜻을 가지며 구체적이지 않은 복수를 나타낸다.[91] **quelque**의 제약적인 의미는 갖지 않는다.

J'ai invité plusieurs personnes, seules quelques personnes sont venues.

나는 여러 사람을 초대했는데, 몇 사람만이 왔다.

d) **différents, divers** : 복수명사 앞에서 한정사 없이 "여럿의"라는 의미로

• après un certain temps 얼마 후에, certaines gens 어떤 사람들은
• Il est certain qu'il va venir. 그가 오는 것은 확실하다.

90) 수를 나타내는 명사 앞에 위치하는 경우 형태는 불변이며 <대략적인>의 뜻을 갖는다.
• Il reste encore quleque dix kilomètres jusqu'à l'école. 학교까지 아직 대략 10킬로 정도 남았어.

91) plusieurs의 형태는 불변이며 관사와 함께 결코 쓰이지 않는다.
• J'ai plusieurs amies(* plusieures amies) à Paris.

쓰인다.[92)]

J'ai voyagé différents pays. 나는 여러 나라를 여행했어.

Il a rencontré différentes femmes. 그는 여러 여자를 만났다.

Il reste encore divers problèmes. 아직 여러 문제가 남아 있어.

③ 전체(la totalité)를 나타내는 부정형용사들

a) chaque : 전체 중 하나, 하나를 의미하는데, 항상 한정사 없이 쓰이며 단수 명사가 뒤에 위치한다. 또한 남성과 여성의 형태가 동일하며 사람과 사물을 나타낸다.

Chaque jour, il prend le métro à 9 heures.

매일, 그는 9시에 전철을 탄다.

Chaque année, beaucoup d'enfants sont morts de faim.

매년 많은 아이들이 기아로 죽어간다.

b) tout

- 전체 중에서 하나하나를 나타내는 경우

단수 : tout(남성단수), toute(여성단수)의 형태이며 한정사 없이 chaque와 같은 의미를 갖지만 chaque보다는 덜 사용된다.

Il me dérange tout instant. 그는 매 순간 나를 방해한다.

복수 : tous(남성단수), toutes(여성단수)로서 한정사와 함께 쓰여 수 앞에서 분포적 가치를 갖는다. 이 경우, chaque를 사용해서는 안 된다.

Il tousse touts les cinq minutes. 그는 5분마다 기침을 한다.

* chaque cinq minutes.

- 전체 중에서 요소들을 전체적으로 지칭하는 경우

---

92) 명사 뒤에 위치하면 품질형용사로서 "닮지 않은, 같지 않은"의 뜻을 나타낸다.
• Les japonais ont des caractères différents des nôtres.
일본 사람들은 우리들의 성격과는 다른 성격을 가지고 있다.

→ 단수 : tout, toute로서 전체를 나타내며 한정된 한정사가 뒤에 위치한다.

Il travaille toute la journée. 그는 하루 종일 일한다.

Tout le monde est venu. 모든 사람들이 왔다.?

→ 복수 : tous, toutes로서 전체를 나타내며 뒤에 부정 한정사가 위치한다.

J'ai lu tous les livres[93] que tu m'as achetés.

네가 나에게 사준 모든 책들을 읽었어.

④ 완전히 한정되지 않은 사람이나 사물을 나타내는 부정형용사들

a) n'importe quel, n'importe quels, n'importe quelle, n'importe quelles (한정사 없이)

J'aime n'importe quel film. 나는 아무 영화나 좋아해

Il croit n'importe quelles histoires. 그는 아무 얘기나 믿는다.

b) quelconque : 한정사와 함께 주로 명사 뒤에 위치한다.

Apportez-moiu un livre quelquconque.(=n'importe quel livre)

아무 책이나 한권 가져다. 주세요.

⑤ 동일함 또는 차이를 나타내는 부정형용사들

a) tel, tels, telle, telles : 유사성 또는 비교를 나타낸다.[94]

Je n'ai jamais vu un tel film ennuyant.

93) 고유명사 앞에는 한정사를 붙이지 않는다.

`• J'ai lu tout Proust. 나는 프루스트의 모든 책을 읽었다.

☞ 또한, deux, trois 와 같은 숫자가 뒤에 위치하는 경우 한정사를 써도 되고 안 써도 무방하다.

• J'ai deux amis ; tous(les) deux sont médecins. 나는 두 친구가 있다.; 둘 다 의사다.

94) tel을 반복함으로써 비교를 표현하기도 한다.

• Tel père, tel fils. 부전자전

또한, 접속사 que와 결합하여, 결과를 나타낸다.

나는 이처럼 지루한 영화를 본 적이 없다.

Il a fait un tel bruit qu'il a réveillé toute la maison.

그는 너무도 시끄러운 소리를 내서 온 집안을 깨웠다.

b) même(단수), mêmes(복수) : 한정사를 동반하고 명사 앞에 쓰여 동일함을 나타낸다.[95)]

Nous avons le même goût. 우린 같은 취미를 가지고 있어.

C'est la même chose. 그것은 같은 거야.

c) autre(단수), autres(복수) : 명사와 한정사 사이에 위치하여 하나의 사물과 구분되는 다른 사물 또는 사람과 사람을 구분하는 기능을 한다.[96)]

Elle a rencontré un autre homme. 그녀는 다른 남자를 만났다.

Il a un autre avis. 그는 또 다른 의견을 가지고 있다.

2) 부정대명사

① 양 전체를 부정하는 부정대명사들[97)]

a) Aucun(e) / Pas un(e) : ne와 함께 부정(négation)의 의미로 사용되며 사람과 사물을 나타낸다.

Parmi ces livres, aucun ne me plaît.

이 책들 중에서 하나도 내 마음에 들지 않는다.

Pas un n'est venu. 어떤 사람도 오지 않았다.

---

95) même는 명사 뒤에서 "-자신, 조차, -그것 자체(추상명사 뒤), 바로"의 뜻을 갖는다.
- C'est le livre même que je cherchais. 그것이 내가 찾던 바로 그 책이다.
- Il est la loyauté même. 그는 성실 그 자체다.

☞ 인칭대명사 뒤에서 강조를 나타낸다.
- Paul a dit ça lui-même. 뽈 스스로가 그것을 말했어.

96) 복수의 경우, de + autres + 명사의 형태가 된다.
- Il est différent d'autres médecins. 그는 다른 의사들과는 다르다.

97) 양 전체를 부정하는 대명사들은 전치사 de에 의해 도입되는 보어가 뒤따를 수 있다.
- Aucun d'entre vous ne m'a tétéphoné. 당신들 중 누구도 나에게 전화를 안했어.
- Pas un de mes amis n'a voulu venir. 내 친구들 중 한 명도 오기를 원하지 않았어.

b) **Personne**(불변) : 사람만을 나타낸다.

Personne ne le sait. 그 누구도 그것을 모른다.

Il n'y a personne dans cette maison. 이 집에는 아무도 없다.

c) **Rien**(불변) : 사물을 나타낸다.

Je n'entends rien. 아무 소리도 들리지 않아.

Je n'ai rien mangé. 나는 아무 것도 먹지 않았어.

② 단일성을 나타내는 부정대명사들

a) **quelqu'un** : 남성 또는 여성의 사람을 나타낸다.98)

Est-ce qu'il y a quelqu'un? 누구 있습니까?

Quelqu'un est venu te voir. 어떤 사람이 너를 보러 왔어.

b) **quelque chose** : 알려지지 않은 사물을 나타낸다.99)

Vous voulez boire quelque chose? 뭐 좀 드시겠어요?

c) **n'importe qui** 사람 / **n'importe quoi** 사물

Tu peux demander à n'importe qui. 아무 사람에게나 물어봐.

Tu dis n'importe quoi. 너 아무 말이나 막 하는구나.

③ 복수성을 나타내는 부정대명사들

a) **quelques-uns / quelques-unes** : 사람 또는 사물로서 한정되지는 않았지만 제약적이고 제한된 수를 나타낸다.100)

---

98)☞ quelqu'un de + 남성 형용사 또는 부사
- Comment est-il? C'est quelqu'un de bien. 그 사람 어때? 좋은 사람이야.

☞ quelqu'un à + 동사원형
- J'ai quelqu'un à voir.(=Je dois voir quelqu'un) 나 봐야 할 사람이 있어.

99)☞ quelque chose de + 남성 형용사
- J'ai entendu à la radio quelque chose de très intéressant.
라디오에서 아주 흥미로운 것을 들었어.

100) Quelques un(e)s 는 대명사 en과 함께 쓰여 부정사(indéfini)의 반복으로 기능하다.

Les voyageurs sont nombreux dans le métro. Quelques-uns dorment assis.
여행객들이 전철에 많다. 어떤 사람들은 앉아서 자고 있다.

b) plusieurs : 불변으로서 한정사 없이 사용되며 둘 이상의 정해지지 않은 양을 나타낸다. 사람과 사물에 사용된다.

Plusieurs m'ont déjà raconter cette histoire.
몇 사람이 벌써 내게 이 이야기를 해주었어.

c) certain(e)s : 한정사 없이 복수에만 사용된다.

Parmi les spectateurs de ce film, certains ne l'aimaient pas.
이 영화의 관객들 중에서 어떤 이들은 이 영화를 좋아하지 않았다.

④ 전체를 나타내는 부정대명사들

a) chacun(e) : 항상 단수로 쓰이며 사람 또는 사물을 나타낸다.101)

Chacun a son défaut. 누구나 실수를 하기 마련이다.

b) tout

• 단수 : 전체를 나타내며 명사의 모든 기능을 수행한다.102)

Tout va bien (주어) 모든 것이 잘 되간다.

Elle s'occupe de tout. (간접목적보어) 그녀가 모든 것을 담당한다.

• 복수 : 사람 또는 사물103)

Ils sont tous intelligens. 그들은 모두 영리하다.

• Tu connais beaucoup de chansons? J'en connais quelques-unes.
너 많은 노래를 알고 있니? 몇 개 알고 있어.

101) 홀로 쓰이거나 de, d'entre + 주어를 나타내는 대명사가 뒤에 위치한다.
• Chacun d'eux a refusé. 그들 모두 거절했다.
• Chacun d'entre vous aura une surprise. 당신들 모두 놀랄 거예요.

102) 복합시제에서 조동사와 과거분사 사이에 위치한다.
• Elle a tout lu. 그녀는 모든 것을 다 읽었다.

103) tout 은 또한 부사로서 <매우, 완전히>의 의미를 갖는다.
• Il est tout content. 그는 매우 만족해한다.
• Il est tout petit. 그는 키가 아주 작다.

10. 품질형용사(L'adjectif Qualificatifindéfinis)

명사에 의해 표시되는 사람, 동물 또는 사물의 특성을 나타내는 요소로서 명사와 성과 수에서 일치한다.

1) 품질형용사의 성

① -e 로 끝나는 형용사는 남성과 여성에서 형태가 같다.

Il est sympathique. Elle est sympathique.

② 남성형 + -e[104)]

un grand arbre 큰 나무 une grande maison 큰 집

③ ~c :

-que turc 터키의, - turque public 공공의, - publique

☑ grec 그리이스의 - grecque, che franc 솔직한 ⇢ franche

---

104) -e를 붙이는 경우 남성과 여성의 발음이 같은 경우가 있다.
- un joli[ʒɔli] garçon <> une jolie[ʒɔli] fille.

☞ 그러나 여성형이 되는 경우 많은 경우가 발음이 달라진다. 여성형에서 마지막 자음의 발음이 살아난다.
- un gros [gro]bâton 굵은 막대 une grosse[gro : s] femme 뚱뚱한 여자 un grand[grã nez] 큰 코 une grande[grã:d] voiture 큰 차

☞ 남성형에서 비모음이었던 것이 여성형에서 자음 n으로 발음된다.
- avoir le nez plein[plɛ] <> avoir la bouche pleine[plɛn]
- un bon[bɔ] gâteau 맛있는 케익 <> une bonne[bɔn] nouvelle 좋은 소식

④ -f :

~ve actif 활동적인 - active, neuf, 새로운 - neuve

sauf 안전한 - sauvevif 생생한 - vive

⑤ -el : -elle

cruel 잔인한 - cruelle, nul 형편없는 - nulle

⑥ -eil : -eille

pareil 동일한 - pareille

⑦ -n : -ne

fin 섬세한 - fine brun 갈색의 - brune

-ien : -enne

italien 이탈리아의 - italienne

⑧ -er : -ère

léger 가벼운 - légère, cher 친애하는 - chère,

premier 첫번째의 - première

⑨ -s : -sse

bas 낮은 - basse, gros 살찐 - grosse, épais 두꺼운 - épaisse

⑩ -et : -ette

muet 벙어리의 - muette

-et : ète complet 완전한 - complète, secret 비밀의 - secrète

concret 구체적인 - concrète, inquiet 걱정스런 - inquiète

• 모음이나 묵음의 h로 시작하는 남성 단수 앞에서 어떤 형용사들은 그 형태가 변한다.

남성단수	모음, 묵음의 h의 남성 단수	여성단수
mou 물렁한	mol	molle
beau 아름다.운	bel arbre	belle fille
vieux 낡은	vieil homme	vieille femme

2) 품질형용사의 수

① 일반적으로 단수 + ~s

un petit enfant de petits enfants

② -al : -aux

amical 우정의 - amicaux

☑ -als banal 진부한 - banals final 마지막의 - finals

③ -eau : -eaux

beau 아름다운 - beaux

④ 단수가 -x, -s인 경우 복수에서 불변

un homme heureux, des hommes heureux

3) 품질형용사의 위치

일반적으로 프랑스어에서 형용사는 명사의 뒤에 위치한다.

① 명사 뒤에 위치하는 형용사들

a) 물질 · 색깔 · 형태

un toit rouge 붉은 지붕 une table rode 둥근 탁자

b) 지리 · 국적

la zone tropicale 열대지역 le drapeau français 프랑스 국기

c) 종교

la morale chrétienne 기독교 정신

d) 과학 및 기술

la bombe atomique 원자폭탄

e) 행정 · 정치

le parti socialiste 사회당

f) 예술

la musique classique 고전음악 le stylo roman 로마양식

② 명사 앞에 위치하는 형용사들

주로 짧은 형용사들이 이에 해당한다.

a) beau

un beau chapeau 아름다운 모자

une belle robe 아름다운 옷

b) bon

un bon outil 좋은 연장(un homme bon)

c) grand

une grande ville 대도시

d) gros

une grosse pierre 큰 돌

e) joli

une jolie maison 예쁜 집

f) long

un long voyage 긴 여행

g) mauvais

la mauvaise conduite 나쁜 행동

h) petit

un petit homme 키가 작은 남자

③ 위치에 따라 의미가 달라지는 형용사들

a) ancien

une maison ancienne 낡은 집

mon ancien ami 나의 오래된 친구

b) brave

un homme brave 용감한 남자

un brave homme 정직한 남자

c) pauvre

une pauvre femme 가련한 여인

une femme pauvre 불쌍한 여인

d) certain

un certain homme 어떤 남자

une preuve certaine 확실한 증거

e) propre

une assiette propre 깨끗한 접시

mon prpore affaire 나만의 일

4) 품질형용사의 일치

① 형용사가 단 하나의 명사와 관계할 때

a) 명사의 성과 수에 일치한다.

une petite fille 작은 소녀

des maisons anciennes 오래된 집

b) 형용사가 복합으로 구성된 경우 불변이다.

des yeux bleu clair 밝은 푸른색의 눈

des jupes bleu marine 곤색치마

② 형용사가 여러 개의 명사와 관계할 때

a) 명사가 복수면 형용사도 복수

des livres et des cahiers verts 녹색의 책과 공책

b) 명사들이 단수이고 et, ni, ainsi que등으로 연결되어 있으면 형용사는 복수

une chemis et un pantalon verts 녹색의 셔츠와 바지

c) 명사가 같은 성(genre)인 경우, 형용사는 공통의 성을 따른다.

les littératures et civilisations européenns 유럽의 문학과 문명

d) 명사들의 성이 다를 때, 형용사는 복수의 남성형을 취한다.

les noms et les couleurs évoqués 언급된 이름들과 색깔

☞ 만일, 형용사의 남성형이 여성형과 발음이 다를 경우, 형용사 옆에 바로 남성 명사를 위치시킨다.

un stylo et une orthographe parfaits 보다는 une orthographe et un style parfaits

e) 여러 개의 형용사가 복수 형태의 하나의 명사와 관계할 때

명사의 여러 가지 특성 중에 각 하나씩 연관되는 경우 형용사들은 단수의 형태를 취한다.

Les monnaies danoises et italienne seront.

하나의 덴마크 동전과 하나의 이탈리아 동전

Les étudiants danoises et allemandes ont ...

한 명 이상의 덴마크 학생과 한 명 이상의 독일 학생

5) 형용사 구문

형용사는 전치사(흔히 de)에 의해 도입되는 보어가 뒤에 올 때 함께 형용사구를 이룬다.

① 형용사 + 전치사 + 명사

Je suis fier de toi. 나는 네가 자랑스럽다.

Il est fidèle à sa femme. 그는 아내에게 충실하다.

Pierre est amoureux d'elle. 삐에르는 그녀에게 사랑에 빠졌다.

② 형용사 + 전치사 + 동사원형

Je suis ravi de vous voir. 당신을 보게 되어 기쁩니다.

Il est difficile d'apprendre l'anglais. 영어를 배우는 것은 힘들다.

C'est facile à dire. 말하기는 쉽지

11. 동사(les verbes)와 동사군(le groupe verb)

1) 동사의 어미변화

① 1군 동사 : 원형이 -er로 끝나는 동사들

Je	-e	Nous	-ons
Tu	-es	Vous	-ez
Il, Elle	-e	Ils, Elles	-ent

• aimer 좋아하다

J'aime Tu aimes Il aime

Nous aimons Vous aimez Ils aiment

• chanter 노래하다.

Je chante Tu chantes Il chante

Nous chantons Vous chantez Ils chantent

a) -cer로 끝나는 1군 동사들

• commencer 시작하다.

Je commence Tu commences Il commence

Nous commençons Vous commencez Ils commencent

b) -eler로 끝나는 동사들

• appeler

J'appelle Tu appelles Il appelle

Nous appelons Vous appelez Ils appellent

c) -eter로 끝나는 동사들

• acheter 끝마치다.

J'achète Tu achètes Il achète

Nous achetons Vousd achetez Ils achètent

d) -ayer로 끝나는 동사들

• nettoyer 청소하다.

Je nettoie Tu nettoies Il nettoie

Nous nettoyons Vous nettoyez Ils nettoient

② 2군 동사들 : 원형이 -ir로 끝나는 동사들

Je	-is	Nous	-issons
Tu	-is	Vous	-issez
Il, Elle	-it	Ils, Elles	-issent

• finir 끝마치다.

Je finis Tu finis Il finit

Nous finissons Vous finissez Ils finissent

• choisir 선택하다.

Je choisis Tu choisis Il choisit

Nous choisissons Vous choisissez Ils choisissent

③ 3군 동사들 : 어미가 -(o)ir, -(d)re로 끝나는 동사들

Je	-(d)s	Nous	-ons
Tu	-(d)s	Vous	-ez
Il, Elle	-(t)	Ils, Elles	-ent

a) sortir : 나가다.

Je sors. Tu sors. Il sort.

Nous sortons. Vous sortez. Ils sortent.

b) prendre 잡다.

Je prends. Tu prends. Il prend.

Nous prenons. Vous prenez. Ils prennent.

2) 동사구문

① 자동사(le verbe intransitif) : 목적어가 없는 동사

그러나 실제적으로 순수한 자동사 즉, 목적보어를 허용하지 않는 자동사는 매우 드물다. 주로, 움직임 또는 상태의 변화를 나타내는 동사들이 이에 속한다.

- venir 오다.

  Il va venir ce soir 그는 오늘 저녁에 올 것이다.

- aller 가다.

  Où vasp tu? 너 어디 가니?

- arriver 도착하다.

  Tu arrives quand? 너 언제 도착하니?

- naître 태어나다. <> mourir 죽다.

② 타동사(le verbe transitif) : 목적어를 요구하는 동사

a) 직접타동사 : 직접목적어를 취하는 동사로서 직접목적보어는 다음과 같다.

• 명사군이나 대명사, 또는 절

Il connaît bienla musique classiue. 그는 고전음악을 잘 안다.

Il connaît bien Paul. 그는 뽈을 잘 안다.

Il veut que Paul parte.. 그는 뽈이 떠나길 원한다.

Je me demandes'il est là. 그가 거기에 있는지 궁금하다.

• c'est ... que 구문을 통해 분리될 수 있다.

C'est la musique classique qu'il connaît bien.

그가 잘 아는 것은 고전음악이다.

• 3인칭 대명사로 대체될 수 있다.

Il le / la / les connaît bien. 그는 그것(들)을 잘 안다.

• 수동태의 문장에 주어가 된다.

La policier a arrêté le voleur. 경찰관이 도둑을 체포했다.

Le voleur a été arrêté par le policier.

☑ 몇몇 타동사들은 수동태의 문장이 불가능한데, 주로 치수나 무게 또는 가격을 나타내는 동사들이다.

Cette voiture lui a coûté un million.

이 자동화는 그에게 백만유로가 들게했다.

Un million lui a été coûté par cette voiture.

Combien coûte-t-il?Combien pèse-t-il?

b) 간접타동사 : 간접목적어(전치사가 선행)를 취하는 동사

- 간접목적보어를 유도하는 전치사들

  - à

    penser à l'avenir 미래를 생각하다.

    obéir à la loi 법에 복종하다.

    appartenir à -에 속하다.

    téléphoner à -에게 전화하다.

- de

  profiter de l'occasion 기회를 이용하다.

- avec

  jouer avec le feu 불을 가지고 놀다.

  danser avec sa femme 아내와 춤을 추다.

- contre

  luttre contre l'injustice 부조리에 대항하여 투쟁하다.

- en

  partir en vacances 휴가를 떠나다. monter en voiture 차에 다다.

- pour

  voter pour le candidat d'opposition 야당 후보에게 투표하다.

◖ 간접목적보어의 대명사화

- à에 의해 도입된 보어는 동사의 특성에 따라, lui / y 또는 lui / elle

- succéder, convenir, aller

  Le fils succède au père. - Il lui succède. 아들이 아버지의 일을 계승한다.

- participer, assister 같은 동사의 경우 간접목적보어는 y로 대명사화

  Il y participe 그는 그것에 참가한다.

- de에 의해 도입된 보어는 무생물은 en, 생물인 경우 de lui / d'elle

  Il profite de l'ocassion - Il en profite.

  그는 기회를 이용한다..

  Il profite d'eux.

☞ 그러나 생물의 경우도 en으로 대체되는 추세

·Je m'en occupe. 내가 맡을께

- à 또는 de이외의 전치사에 의해 도입된 보어는 전치사 + 대명사

  Je compte sur lui.Il a dansé avec elle toute la nuit.

  나는 그를 믿어. 그는 밤새 그녀와 춤을 췄다.

c) 이중 보어를 요구하는 타동사 : 직접보어와 간접보어 두 개

V(동사) - N1(명사 1) - Prép(전치사) + N2(명사 2)

ⓐ N1 à N2 :

donner 주다 offrir 제공하다

confier -맡기다 envoyer -보내다

laisser 내버려두다 permettre 허용하다

dire 말하다 indiquer 지적하다

mettre 놓다 rendre 돌려주다

pardonner 용서하다 demander 요구하다

ⓑ N1 de N2

recevoir 받다 priver 빼앗다.

remplir 채우다 arracher 뽑다.

libérer 석방하다. dégager 치우다.

ⓒ N1 avec N2 :

conjuguer 동사변화하다 familiariser 친숙해지다.

marier 결혼하다bconfondre 혼동하다.

ⓓ N1 Prép N2 :

remplacer A par B A를 B로 대체하다.

échanger A contre B A를 B와 바꾸다.

jeter, placer, poser A à / dans / sur / contre B

ⓔ 조동사(le verbe auxiliaire) : 뒤에 오는 과거분사와 결합하여 복합시제를 이룬다. (être, avoir)

• être와 결합하는 동사들

• 모든 대명동사들

Je me suis levé à 7 heures. 나는 7시에 일어났다.

Je me suis lavé les mains. 나는 손을 씻었다.

aller -에 가다.	Je suis allé à lécole. 나는 학교에 갔다.
venir -에 오다.	Il est venu me voir. 그는 나를 보러 왔다.
arriver 도착하다.	Il est arrivé à l'heure. 그는 정시에 도착했다.
partir 떠나다.	Elle est partie ce matin. 그녀는 오늘 아침에 떠났다.
entrer 들어오다.	Il est entré dans sa chambre. 그는 자기 방으로 들어갔다.

sortir 나가다.	Elle est sortie sans rien dire. 그녀는 아무 말 없이 나갔다.
monter 오르다.	l est monté à la montagne. 그는 산에 올랐다.
descendre내려가다.	Il est descendu par l'escalier. 그는 계단으로 내려왔다.
passer 지나가다.	Il est passé par la fenêtre. 그는 창문으로 지나갔다.
tomber 떨어지다.	L'échelle est tombée. 사다리가 쓰러졌다.

• 장소의 변화 또는 이동을 나타내는 동사들105)

• - avoir와 결합하는 동사들 : 나머지 동사들

		원형	과거분사
1군 동사	-é	aimer 좋아하다	aimé
		chanter 노래하다	chanté
		manger 먹다	mangé

tomber	Elle est montée à la tour Eiffel. 그녀는 에펠탑에 올랐다.
	Elle a monté sa valise au deuxième étage. 그녀는 가방을 2층에 올렸다.
descendre	Il est descendu d'un arbre. 그는 나무에서 내려왔다.
	Il a descendu les escaliers. 그는 계단을 내려왔다.
sortir	Il est sorti. 그는 외출했다.
	Il a sorti sa femme. 그는 아내를 데리고 나갔다.
(r)entrer	l est rentré tard. 그는 늦게 귀가했다.
	Il a rentré des marchandises dans son magasin 그는 상점으로 물건을 넣었다.
passer	Elle est passée me voir. 그녀는 나를 보러 들렸다.
	Tu as passé de bonnes vacances? 재미있는 휴가를 보냈니?

105) 위의 동사들 중 être와 avoir 둘 다 결합할 수 있는 것들이 있다.

		원형	과거분사
2군 동사	-i	finir 끝내다	fini
		choisir 선택하다	choisi
		grossir 살찌다	grossi
3군 동사	-s	prendre 잡다	pris
	-é	aller 가다	allé
	-i	sortir 외출하다	sorti
	-u	boire 마시다	bu
		attendre 기다리다	attendu

③ 양태 조동사(les auxiliaires modaux)

a) devoir[106)]

Je	dois	Nous	devons
Tu	dois	Vous	devez
Il, Elle	doit	Ils, Elles	doivent

• 의무(l'obligation : 해야 한다.)

Je dois terminer ce travail avant midi.

나는 이 일을 정오 전에 끝내야 한다.

• 강한 가능성

Paul n'est pas venu à l'école, il doit être malade..

뽈이 학교에 오지 않은 걸 보니, 아픈 것임에 틀림없어.

106) devoir는 과거나 현재시제에만 가능하며 미래의 강한 가능성을 표현하기 위해서는 조건법을 사용해야 한다.
• Il fait froid et le ciel est tout noir. Il devrait neiger demain.
날씨가 춥고 하늘이 시꺼먼 것을 보니 내일 눈이 올게 틀림없어.

Elle n'est pas venue, elle a dû rater son avion.

그녀는 오지 않은 것을 보니, 비행기를 놓친 게 틀림없어.

b) pouvoir

Je	peux	Nous	pouvons
Tu	peux	sVous	pouvez
Il, Elle	peut	Ils, Elles	peuvent

- 가능성

  Je peux changer le billet d'avion? 제가 비행기표를 바꿀 수 있나요?

- 물리적 능력

  Il peut courir 100 mètres à dix secondes.

  그는 100미터를 10초에 달릴 수 있다.

- 허가

  Tu peux sortir. 너는 외출해도 돼

c) vouloir

Je	veux	Nous	voulons
Tu	veux	Vous	voulez
Il, Elle	veut	Ils, Elles	veulent

- 소망

  Je veux devenir médecin comme lui.

  나는 그처럼 의사가 되고 싶어.

3) 동사의 시제와 법

① 직설법(l'indicatif)

a) 직설법 현재(le présent)

직설법 현재는 동사의 시제에서 구어에서 가장 많이 사용하는 시제이다. 시제를 나타내는 특별한 어미를 갖는 미래나 과거와는 달리, 시제를 나타내는 어미가 없다.

• 화자가 말을 하는 순간에 동시에 일어나는 일이나 사건을 나타낸다.

En ce moment, Jean travaille.

지금, 장은 일하고 있다.

• 지속 또는 순간적인 사실을 나타낸다.

L' enfant tombe. 아이가 떨어진다. : 순간

La nuit tombe. 해가 진다. : 지속

• 습관적인 사실이나 불변하는 사실

La terre tourne. 지구는 돈다.

Un emère pardonne toujours. 어머니는 항상 용서하신다.

• 가까운 미래나 과거의 사실

Attendez-moi, je viens! 잠깐 기다려, 곧 갈게!

Il sort d'ici. 그는 여기서 막 나갔어.

• 미래의 의미로부터

▪ 충고

Vous prenez la premieère rue à droite.

첫 번째 길 오른쪽으로 가세요.

▪ 명령

Toi, tu te tais! 너는 입 다.물어!

▪ 의문문의 형태

Alors, tu viens? 어떻게, 너 갈래?

▪ 일반적인 관습

Quand on ne sait pas, on se tait.

모를 때는 가만히 있는다.

② 미래(le futur)

a) 단순미래(le futur simple)

Je	-rai	Nous	-rons
Tu	-ras	Vous	-rez
Il, Elle	-ra	Ils, Elles	-ront

• 사건이나 사실이 말하는 순간 이후에 일어날 때

Je partirai demain.

나는 내일 떠날 거야.

• 완곡한 명령적 표현

Vous emmènerez les enfants se promener.

아이들을 산책시키러 데리고 가세요.

b) 전미래(le futur antérieur)

• avoir, être 의 단순미래 + 과거분사

두 개의 사건이 미래에 발생하는 경우, 다른 하나보다. 먼저 완료되는 사건을 표현한다.

• 주절(principale) 또는 독립적(indépendante)

Il arrivera à huit heures. Mais déjà je serai parti.

• 종속절에서

• 시간의 절

Il arrivera quand je serai parti.

그는 내가 떠난 후에 도착할꺼야.

• 원인의 절

Vous serez récompensé parce que vous aurez bien agi.

당신은 옳게 행동했으므로 보상을 받을 것입니다.

• 비교의 절

Peut-être serez-vous puni comme vous aurez traité autrui.

다른 사람을 다룬 것처럼 당신도 벌을 받을 것이다.

③ 과거(le passé)

사건이나 사실이 말을 하는 순간 전에 발생한 경우 사용한다.

a) 복합과거(le passé composé) : avoir, être 현재 + 과거분사

• 말을 하는 순간에 완료된 행위

Et ton travail? 너 일은? Je l'ai fini. 끝냈어.

• 현재와 관련하여 과거의 한 순간에 삽입되는 행위

Il a dîné à six heures, il est parti à sept.

그는 6시에 저녁을 먹고, 7시에 떠났다.

• 최근에 일어난 일

J'ai reçu ce matin une lettte de Paul.

나는 오늘 아침 뽈의 편지를 받았다.

• 현재까지 어떤 행위가 이어질 때

Depuis mille ans, cet édifice a bravé les intempéries.

천년 전부터 이 건물은 모진 풍파를 견디었다.

b) 단순과거(le passé simple)

- 역사적인 사실

L'hiver de 1709 fut extrêmement rigoureux.

1709년의 겨울은 정말 혹독했다.

- 특히 3인칭에 쓰이면서, 지속성이 없는 단순한 사실

Après cet échec, il changea de méthode.

이 실패 후에, 그는 방법을 바꿨다.

☑ 단순과거는 구어체에서 거의 사용하지 않지만, 신문이나 라디오와 같은 경우 사용하는 경향이 있다.

c) 반과거(l'imparfait)

Je	-ais	Nous	-ions
Tu	-ais	Vous	-iez
Il, Elle	-ait	Ils, Elles	-aient

- 과거에서 지속성을 갖는 사건이나 사실

Autrefois, les forêts couvraient la plus grande partie de l'Europe.

옛날에, 숲들은 유럽의 대부분을 덮고 있었다.

- 과거에 사건들을 기술하는 경우

Ce fut alors un beau tumulte : on criait, on se battait.

아주 떠들썩하다 : 사람들이 소리 지르고, 싸웠다.

- 과거의 반복이나 습관적인 사실

Autrefois, il venait me voir.

옛날에, 그는 나를 보러 오곤 했다.

• 조건법과 함께 si뒤에 쓰여, 현실적으로 불가능한 사실을 나타낸다.

Si j'étais plus jeune, je vous accompagnerais.

내가 더 젊었더라면, 당신과 함께 갔을 텐데.

d) 대과거(le plus-que-parfait)

avoir, être의 반과거 + 과거분사

• 두 개의 과거에 일어난 사건 중, 먼저 일어난 것을 나타냄

Depuis qu'il avait reçu cette lettre, il restait songeur.

그는 이 편지를 받자마자, 생각에 잠겼다.

• quand, après que뒤에 쓰여 반복을 나타낸다. 이때 주절의 동사는 반복의 반과거이다.

Quand il avait bien déjeuné, il était de bonne humeur.

그는 점심을 잘 먹고 나면, 기분이 매우 좋곤 했다.

e) 전과거(le passé antérieur)

avoir, être의 단순과거 + 과거분사

• quand, après que, dès que 뒤에 쓰여 과거에 어떤 사실의 선행성을 나타내는데, 이때 다른 사실을 나타내는 동사는 단순과거시제이다.

Dès que Louis XIV eut rendu le dernier soupir, la cour se sentit plus libre.

루이 14세가 죽자, 궁중은 숨을 돌릴 수 있을 것 같았다.

④ 조건(le conditionnel)

Je	-rais	Nous	-rions
Tu	-rais	Vous	-riez
Il, Elle	-rait	Ils, Elles	-raient

a) 조건법현재

• 미래에 실현될 수 있는 사실

Si le temps permettait, je vous accompagenrais.

시간이 허락되면, 당신과 동행 할께요.

• 현재 실현되지 않은 사실

Si j'avais vingt ans de moins(maintenant), je vous épouserais.

내가 지금 20살만 젊었어도, 당신과 결혼할 텐데

• 과거에 실현되지 못한 사실

Si j'avais obtenu le permis de conduire(hier), je conduiserais.

내가 면허증을 따기만 했어도, 운전을 할 텐데.

☑ 독립절에서의 조건법

• 추측에 연관되어 발생될 수 있는 일

Ne faites pas de bruit; l'enfant s'éveillerait.

소리내지 마세요. 애가 깰 수도 있어요.

• 부드럽거나 겸손의 표현이나 확실하지 않은 가정

Je voudrais vous parler. 당신과 말하고 싶어요.

On dirait qu'il a peur. 그가 두려워하는 것 같은데

⑤ 접속법(le subjonctif)

Je	-e	Nous	-ions
Tu	-es	Vous	-iez
Il, Elle	-e	Ils, Elles	-ent

a) 화자의 생각이나, 감정 또는 소망들을 표현한다.

• 명령이나 금지

Qu'il sorte! 그를 내보내라!

• 소망

Le diable l'emporte! 악마가 그를 데려가기를!

• 가정, 추측

Qu'il dise un seul mot et je le mets dehors.

그가 한마디만 더 하면, 그를 내쫓을 거야.

☑접속법이 사용되는 구

• 시간 : avant que ~전에 jusqu'à ce que ~까지

... avant qu'il soit trop tard 너무 늦기 전에

... jusqu'à ce que j'arrive 내가 도착할 때까지

• 양보 : bien que -에도 불구하고 quoique -임에도

... bien qu'il soit malade 그가 아픔에도 불구하고

• 목적 : afin que,pour que ~하기 위해

... pour que je puisse travailler 내가 일을 할 수 있기 위해

• 추측, 가정 : à condition que ~하는 조건하에

... Il vient à condition que le temps le permette

시간이 허용 된다는 조건 하에 그는 올 것이다.

⑥ 명령법(l'impératif)

2인칭 단수와 복수에 사용하는 것으로

a) 명령

Sors! Sortez! 나가라! 나가세요!

b) 충고

Refusez cette offre, croyez-moi!

이 제안을 거절하세요, 날 믿으세요!

c) 바램

Rentrez bien! 잘 돌아가세요!

d) 기도

Donnez-moi la force! 내게 힘을 주세요!

☑ 2인칭 단수에서, 동사가 -er로 끝나는 1군 동사이고, 뒤에 오는 요소가 자음인 경우, -s를 생략하고 -e만 쓴다.

Mange cette pomme! 이 사과를 먹어!

⑦ 부정법(l'infinitif)

a) 명사의 기능

• 주어

Dormir n'est pas vivre.

자는 것은 사는 것이 아니다.

• 속사

Souffler n'est pas jouer.

숨을 쉬는 것은 장난이 아니다.

• 직접목적어

J'aime lire. 나는 읽는 것을 좋아한다.

• 간접목적어

On l'oblige à chanter.

사람들은 그에게 노래할 것을 강요한다.

• 상황보어

Il travaille sans dormir.

그는 잠도 자지 않고 일을 한다.

• 형용사의 보어

Il est possible de partir plus tôt.

더 일찍 떠날 수도 있어.

b) 동사에 영향을 받는 경우

• 감정을 나타내는 동사

J'entends le chien aboyer

나는 개가 듣는 소리를 듣는다.

Je les vois sortir.

나는 그들이 외출하는 것을 본다.

• 주어를 부정법 동사 뒤에 위치시킬 수도 있다.

J'entends aboyer le chien.

• 그러나 부정법형태의 동사가 타동사인 경우는 주어가 항상 앞에 온다.

J'ai entendu Pierre appeler.

나는 삐에르가 부르는 것을 듣는다.

• faire, laisser 동사 뒤

Je fais entrer les enfants.

나는 아이들을 들어오게 한다.

⑧ 분사(participe)

a) 현재 분사(participe présent) : + -ant

형용보통 품질형용사처럼 명사의 특성을 나타낸다. 이 경우, 명사와 성과 수에서 일치한다.

Ses yeux brillants disent la vérité.

그의 반짝이는 눈은 진실을 말한다.

un portefeuille contenant 20000 euros

20000유로가 들어있는 지갑

◖ gérondif : en + -ant

• 원인

En voyant son embarras, la police se fit plus aimable.

그가 당황해하는 것을 보고, 경찰은 좀 더 부드럽게 대했다.

• 조건, 추측

Elle réussirait mieux, en s'y prenant autrement.

그것을 다르게 생각 한다면 그녀는 더 성공할 수 있을 거야.

• 동시성

Ne lis pas en mangeant. 먹으면서 읽지 마라

• 양태, 방법

En forgeant on devient forgeron.

자꾸 단련해야 숙달된다.

b) 과거분사(participe passé)

• 과거분사의 일치

조동사가 être 인 경우, 주어의 성과 수에 일치한다.

Paul est arrivé. 뽈이 도착했다.

Marie est arrivée. 마리가 도착했다.

• 조동사가 avoir인 경우, 주어와 일치하지 않는다.

Paul a mangé une pomme. 뽈이 사과를 먹었다.

Marie a mangé une pomme.

☑ 직접목적어의 경우, 대명사화 되면 직접목적어와의 성과 수를 나타낸다.

J'ai acheté une voiture. 나는 자동차를 샀다.

Je l'ai achetée.

J'ai vendu des maisons. 나는 집들을 팔았다.

Je les ai vendues.

◖ 간접목적어의 경우 대명사화하여도 과거분사의 형태는 변하지 않는다.

J'ai téléphoné à mes parents. 나는 부모님께 전화를 했다.

Je leur ai téléphoné.

12. 전치사(Les Prépositions)

1) à

① 문장의 구성

a) 동사의 간접목적보어를 유도한다.

Je pense à mon avenir.

나는 내 장래에 대해 생각한다.

Il téléphone à ses parents tous les joiurs.

그는 그의 부모님께 매일 전화한다.

b) 부사의 보어를 유도한다.(부사 + à + 동사원형)

J'ai encore beaucoup à te dire.

너에게 아직 할 말이 많아

c) 형용사의 보어를 유도한다.

Le français est facile à apprendre.

프랑스어는 배우기가 쉽다.

② 명사의 보어를 유도하는 경우

a) 쓰임새, 용도를 나타낸다.[107]

une tasse à thé 차를 마실 때 사용하는 잔

107) 전치사 de가 사용된 경우와 혼동하지 말 것
• une tasse de thé 차가 담긴 잔 un verre de whisky 위스키가 담긴 잔

une salle à manger 먹을 때 사용하는 방

une chambre à coucher 잠잘 때 쓰는 방

b) 특징 또는 특성을 나타낸다.

l'homme au chapeau rond 둥근 모자를 쓴 남자

le pain aux raisins 포도가 든 빵

la fille aux yeux verts 녹색 빛이 눈을 가진 소녀

③ 상황보어를 유도하는 경우

a) 장소(예정지)

Je vais à Paris. 나는 파리에 간다.

Je vais à l'épicerie. 나는 식료품가게에 간다.[108]

b) 거리

La poste est à deux kilomètres d'ici.

우체국은 여기서 2킬로 떨어진 곳에 있다.

c) 시간

Il arrive à Paris à midi. 그는 정오에 파리에 도착한다.

d) 공간적, 시간적 거리

Il habite à trois kilomètres de Paris.

그는 파리에서 3킬로 떨어진 곳에 산다.

e) 단위, 척도

Vous vendez les fruits au poids ou à la pièce?

당신 과일을 무게로 파세요, 아니면 개수로 파세요?

---

108) chez 뒤에는 사람이 위치하는 반면 à뒤에는 가게가 뒤따른다.
• Je vais chez le boulanger <> Je vais à la boulangerie. 나는 빵 가게에 간다.

f) 방법, 수단

acheter à crédit 외상으로 사다.

à voix basse 낮은 목소리로

g) 소속 être + à : -의 것

Cette voiture est à toi? 이 자동차가 너의 것이니?

2) de

① 동사와 함께

a) 동사의 직접목적보어를 유도한다.

J'ai oublié de fermer la porte.

문 잠그는 것을 잊었네.

Cessez de critiquer les autres!

남을 헐뜯는 것을 그만두세요!

b) 동사의 간접목적보어를 유도한다.

Je m'occupe des enfants. 아이들은 내가 돌볼게.

② 부사와 함께 : 부사 + de + 명사

Combien d'enfants avez-vous? 아이가 몇이시죠?

③ 형용사와 함께

Je suis content de vous revoir.

당신을 다시 보게 되어 기쁩니다.

Je suis fier de toi. 나는 네가 자랑스럽다.

④ 명사와 함께

a) 소유, 소속 : -의

Tu as vu la nouvelle voiture de Pierre?

너 삐에르의 새 차를 봤어?

b) 부분, 분량 : -에 속하는, -중의

L'un de vous doit s'occuper des enfants.

너희들 중 하나는 애들을 돌봐줘야 해

Tu veux un verre d'eau? 물 한잔 마실래?

Je veudrais un kilo de tomates. 토마토 1킬로 주세요.

c) 목적, 용도 : ~을 위한

Où est la salle d'attente? 대합실이 어디입니까?

d) 재료 : ~으로 된, 만든

Où est-ce qu'on peut acheter un sac de papier?

종이봉지를 어디서 살 수 있죠?

⑤ 상황보어를 도입하는 경우

a) 출발점, 기원, 출신 : ~에서, ~로부터

Vous venez d'où? De Marseille.

어디에서 오시는 거예요? 마르세이유에서요.

Les vins de France sont bons en général.

프랑스산 포도주가 보통 맛이 좋아

Vous êtes de quelle région? 어느 지방 출신이세요?

b) 원인, 동기 : - 때문에

Cet homme est mort de faim. 이 남자는 餓死했어.

Je suis très heureux de te voir.

너를 보게 되어서 정말 기뻐

c) 양태 : -하게, -로

Parlez d'une petite voix!

조그마한 목소리로 말하세요!

d) 양을 나타내는 부사와 함께[109)]

Il y a trop de monde dans la rue.

거리에 사람이 너무 많다.

3) en

① 현재분사형태와 결합하여 gérondif를 이룬다.

Il regarde la télé en écoutant la radio. 그는 라디오를 들으면서 TV를 본다.

② 명사의 보어 또는 상황보어를 도입하면서 관사 없이 다음의 기능을 한다.

a) 국가를 나타내는 여성 명사 앞에서 있는 장소 또는 가고자 하는 장소

Il habite en France.

그는 프랑스에 살고 있다.

Je passe mes vacances en Corée.

나는 한국에서 휴가를 보낼 거야.

---

109) 전치사 à와 de가 결합하여 두 요소 사이에 한계를 표현한다.
- Ce magasin ouvre la porte de 9h à 17h. 이 상점은 9시에서 17시까지 문을 연다.
- Je vends cette chaise de 5euros à 10euros. 나는 이 의자를 5유로에서 10유로 사이에서 팔 거야.

b) 달(月), 계절 또는 년(年)과 같은 시간적 관계

Je suis né en juillet.

나는 7월 달에 태어났다.

Il pleut beaucoup en été.

여름에는 비가 많이 온다.

C'était en décembre. 12월이었다.

c) 행위의 지속

Il a appris l'anglais en six mois.

그는 6개월 동안 영어를 배웠다.

d) 재료, 구성요소 ~로 된[110)]

C'est une montre en or.

이것은 금으로 된 손목시계이다.

e) 형상 -모습으로, ~을 입은

Elle s'habille toujours en noir.

그녀는 항상 검은 옷을 입는다.

f) 분할 -로 나눈

C'est une pièсw e en trois actes.

이것은 3막으로 된 희곡이다.

g) 상태[111)]

Il est en colère. 그는 화가 나 있다.

La chambre est en désordre. 방이 어질러 있다.

---

110) 보통 명사인 경우, en 또는 de두 가지 다 가능하다.

• un pull en laine 또는 un pull de laine

하지만, 주어인칭대명사인 경우에는 en만 가능하다.

• Il est en laine?(* de laine)

111) être en paix, colère, en larmes라고 쓰지만, de bonne humeur, mauvaise humeur라고 쓴다.

4) dans

① 장소

a) ~안에, ~에

Il est entré dana sa ch ambre.

그는 자기 방으로 들어갔다.

Il y a beaucoup de monde dans la rue.

거리에 사람들이 많은데

J'habite dans Paris.

파리에 살고 있습니다.

b) ~에서

J'ai lu cette article dans le journal.

나는 이 기사를 신문에서 읽었다.

② 시간

a) ~에, ~의 기간 중에

J'ai fait beaucoup d'erreurs dans ma jeunesse.

나는 젊은 시절에 실수를 많이 했어.

b) ~이내에, ~안으로[112)]

Je vais le finir dans la journée. 이것을 오늘 안에 끝낼게.

Je pars dans trois jours. 3일 후에 떠나요.

(dans les trois jours : 삼일 안에)

---

112) 시간을 나타낼 때 en은 행위의 지속을 나타내는 반면 dans은 미래 속에서의 지속성을 나타낸다.

- Il a regardé la télé en 2 heures. 그는 두 시간 동안 TV를 봤다.
- Il va revenir dans une heure. 그는 한 시간 내로 돌아올 겁니다.

③ 사정, 상태, 양태

a) -상태에 있는

Il vit dans la misère.

응. 그 사람 아주 가난하게 살고 있어.

b) -에 따라

J'ai agi dans les règles.

나는 규칙에 따라 행동했어.

5) devant

① 장소 : ~앞에서

Regardez devant vous! 앞을 보세요!

② ~의 면전에서

Ce n'est pas facile de parler devant le public.

사람들 앞에서 말하는 건 쉽지 않아요.

Tous les hommes sont égaux devant la loi.

만인은 법 앞에 평등합니다.

③ ~의 전도에

Il a un bel avenir devant lui.

그는 전도가 양양해

6) entre

① 둘 : ~사이에, ~의 중간에

a) 공간

Les Pyrénées se trouvent la France et l'Espagne.

피레네 산맥은 프랑스와 스페인 사이에 있습니다.

b) 시간

Je viendrai entre 10 heures et onze heures.

나는 10시에서 11시 사이에 오겠습니다.

c) 정도, 상태

Il vit entre la vie et la mort.

예. 생사지경을 헤매고 있어요.

d) 선택, 분할

Il hésite entre deux choix.

그는 두 가지 선택에서 망설인다.

e) 수량

Ça se vend entre 500 et 600 francs.

이것은 500프랑에서 600프랑 사이에서 팔려요.

② 여럿

a) ~사이에서

Je dois choisir seulement un entre ces cravates?

이 넥타이들 중에서 하나만 선택해야 해요?

b) d'entre + 인칭대명사 : -중에서

L'un d'entre vous doit aller à l'aéroport.

여러분들 중에 한 사람은 공항에 가야 합니다.

7) par

① 장소, 공간

a) 통과, 경유 : ~을 통해서

Il est entré par la porte principale.

그는 정문을 통해 들어왔다.

Venez par ici. 이쪽으로 오세요.

② 동작 중, 수단 표시

a) 수동문 : ~에 의해

John Lennon a été assasiné par un fou.

존 레논은 어떤 미친 사람에 의해 암살당했어.

b) 도구, 수단 : ~으로써, ~에 의한

Je voudrais envoyer ce colis par l'avion.

이 소포를 비행기로 부치고 싶은데요.

c) 동기, 원인 : ~때문에, ~로 말미암아

J'ai donné cent euros au mendiant par pitié.

딱해서 그 거지에게 100유로를 주었어.

d) 행위의 기점 : -로서

Par où commencer? 어디서부터 시작할까?

③ 기타

a) 배분 : ~마다.

Prenez ce médicament trois fois par jour.

이 약을 하루에 세 번 드세요.

b) 분류

Entrez deux par deux. 두 사람씩 들어오세요.

c) 무관사 명사와 함께

par exemple 예를 들어

par hasard 우연히

par conséquent 따라서

8) Pour

① 행선지 : ~를 향하여

Ce train va pour Paris? 이 기차는 파리행입니까?

② 예정

a) 시기

Le concert est pour demain. 콘서트는 내일 예정이다.

b) 기간

Je vais à Paris pour deux semaines. 나는 2주 예정으로 파리에 가

c) 기회 : ~을 맞이하여

C'est un cadeau pour Noël. 이것은 크리스마스 선물이야.

③ 목적, 용도

a) -을 위한

C'est un film pour adulte. 이 영화는 어른용 영화다.

Il faut manger pour vivre. 살기 위해 먹어야 한다.

Beaucoup de jeunes hommes sont morts pour leur patrie.

많은 젊은이들이 조국을 위해 죽었어.

④ 결과 : ~하기에는

Il est trop jeune pour faire ça.

이것을 하기에 그는 너무 어리다.

⑤ 원인 : ~때문에

Cet en fant est puni pour sa paresse de son père.

그 아이는 게을러서 아버지로부터 벌을 받았어.

⑥ 댓가, 교환 : ~을 주고, ~대신으로

J'ai acheté cette robe pour cent euros.

나 이 치마 100유로 주고 샀어.

⑦ 대리 : ~대신에

Dis-bonjour à ta famille pour moi.

나대신 네 가족에게 안부 전해줘

⑧ 비교 : ~에 비해서는

Il est intelligent pour son âge. 그는 나이에 비해 영리하다.

⑨ 자격 : ~으로서, ~으로

Il a pris Marie pour sa femme. 그는 마리를 아내로 삼았다.

⑩ 강조 : ~로 말하자면, ~로서는

Pour moi, Je ne peux pas accepter vott re proposition.

나로서는 당신의 제안을 받아들일 수가 없습니다.

9) sans

① 대명사와 함께

a) ~없이

Mon enfant est sorti sans parapluie.

내 아이가 우산도 없이 나갔어.

b) 부정을 나타내는 형용사구, 부사구

Il ne viendra pas sans aucune doute.

그는 틀림없이 안 올 거야.

Il pleut sans cesse. 끊임없이 비가 온다.

② 부정법과 함께 : ~함이 없이

Elle est partie sans dire un mot. 그녀는 말 한마디 없이 떠났어.

Je ne peux pas rester comme ça sans rien faire.

아무 것도 안하고 이렇게 가만히 있을 수는 없어.

③ sans que + 접속법

Sortez sans qu'on sen aperçoive.

아무도 모르게 나가세요.

10) sous

① 공간적 위치

a) ~아래에, 밑에

Le chat est sous la chaise.

그 개는 밑에 있어.

b) ~안에, 속에

L'avion a disparu sous les nuages.

비행기가 구름 속으로 사라졌다.

② 외관 : ~을 입고, ~형태로, ~으로

Il m'a évité sous un prétexte ou l'autre.

그는 이리 저리 핑계로 나를 피했다.

③ 작용, 영향

Il a attendu Marie sous la pluie.

그는 빗속에서 마리를 기다렸다.

④ ~의 보호 하에

Il est sous la protection des parents adoptés.

그는 양부모의 보호 하에 있어.

⑤ : 시대에

C'était une belle époque sous Louis XIV.

루이 14세 치하에서는 좋은 시절이었지

11) sur

① 위치 : ~위에

Asseyez-vous sur la chaise! 의자에 앉으세요!

② 지탱, 의지 : -위에

Il a construit un bâtiment sur un terrain solide.

그는 단단한 지반 위에 건물을 세웠다.

③ 몸에 지니고

Les Coréens ont toujours de l'argent sur eux.

한국 사람들은 돈을 항상 수중에 가지고 있어.

④ 표면 : -위에

Ton nom est sur la liste. 너의 이름이 명단에 있어.

⑤ ~에 관하여

Je ne suis d'accord sur ce point.

이 점에 대해서는 동의할 수 없어.

⑥ ~에 의해, ~에 근거하여

Il ne faut pas croire quelqu'un sur parole.

말만 듣고 사람을 믿어서는 안 된다.

⑦ -을 내걸고, -의 이름으로

Je te le promets sur mon honneur.

내 명예를 걸고 너에게 약속할게.

⑧ -중에서

J'ai 17 sur 20 en anglais.

나는 영어에서 20점 만점에 17점을 받았어.

12) 혼동하기 쉬운 전치사들

① ver와 envers

vers는 물리적인 방향을 나타내거나 대략적인 순간을 나타내는 반면, envers는 태도나 감정을 표현하는데 사용한다.

Il se dirige vers le parc. 그는 공원 쪽으로 이동한다.

Il va revenir vers midi. 그는 정오경에 돌아 올거야.

Ce médecin est toujours gentil envers sdes patients.

이 의사는 항상 자기 환자들에게 친절하다.

② avant과 devant

avant은 après의 반대로서 시간에 관계되는 것을 나타낸다. 반면, devant은 derrière의 반대로서 공간, 장소 등을 나타낼 때 사용된다.

Je vais te chercher avant midi. 정오 전에 너를 찾으러 갈게

La poste est devant la pharmacie.

우체국은 약국 앞에 있어.

③ entre와 parmi

parmi는 두 개 이상의 요소를 나타내는 복수 명사 앞에 사용된다. 반면, entre는 일반적으로 두 명의 사람 또는 사물, 집단에 사용되며, 두 시간에 포함되는 지속성을 표현한다.

Choisissez parmi ces cravates.

이 넥타이들 중에서 고르세요.

Il hésite entre deux choix.

그는 두 선택 사이에서 망설인다.

Il déjeune entre midi et quatroze heures.

그는 12시에서 2시까지 점심을 먹는다.

④ dès와 depuis

dès와 depuis는 둘 다 시간 속에서 출발점을 나타내지만, dès가 행위나 사건이 즉각적으로 발생하는 것을 나타내는 반면 depuis는 행위나 사건이 지속되는 경우에 사용된다.

Il travaille dès 5 heures du matin. 그는 아침 5시부터 일한다.

J'habite à Paris deouis 3ans. 나는 3년 전부터 파리에 살고 있다.

⑤ à cause de와 grâce à

둘 다 원인을 나타내지만 grâce à는 긍정적인 의미를 나타내는 반면 à cause de는 부정적인 의미를 나타낸다.

Il est devenu riche grâce à son père.

그는 아버지 덕택에 부자가 됐다.

Il est devenu aveugle à cause de cet accident.

그는 그 사고 때문에 장님이 되었다.

13. 부사(les adverbes)

부사는 형용사나 동사 또는 다른 부사 근처에 위치하면서 문장의 근본적 의미를 변화시키지 않는 임의적 요소로서 특별한 뉘앙스를 부여한다.

1) 형태

부사의 형태는 다음과 같이 분류될 수 있다.

① 단순형태의 원래부사

단순형태로서 원래부터 부사인 것들로서 더 이상 분류될 수 없다.

bien, mal, demain, hier, là, mieux, moins, plus, tant, tard, tôt 등등

② 복합형태의 부사

a) 부사 + 부사 : bientôt

b) 형용사 + 명사 : longtemps

c) 전치사 + 전치사 : dedans

d) 전치사 + 부사 : au-dessous

e) 한정사 + 명사 : autrefois, toujours

③ 부사적 표현

de bonne heure, tout à fait

2) 파생부사

① 접미사를 첨가하는 방법

남성 형용사	여성 형용사	부사
heureux 행복한	heureuse	heureusement
certain 확실한	certaine	certainement
actif 활동적인	active	activement

a) 형용사의 여성형 + -ment

b) 형용사의 여성형 + -ément

남성 형용사	여성 형용사	부사
énorme 거대한	énorme	énormément
précis 구체적인	précise	précisément

c) 강세된 모음으로 끝나는 남성 형용사 + -ment[113)]

남성 형용사	부사
joli 예쁜	joliment
poli 친절한	poliment
vrai 진실의	vraiment

---

113) 모음으로 끝나는 여성 형용사가 부사로 되는 경우, 규칙과는 반대로 여성형의 <e> 를 유지하거나, ^를 통해 <e>의 존재를 상기시킨다.

- gai 쾌활한 - gaie - gaiement
- assidu 부지런한 - assidue - assidûment

d) 특이한 경우의 파생 부사들

- 지금은 존재하지 않는 형용사의 가장 오래된 형태 + -ment

grave 심각한 - gravement

grief - (육체적 손상으로 인한) 심각한 - grièvement

brief bref 간단한의 고대 형태 - brièvement

gentil - gentille - gentiment

- 접미사가 -ent 또는 -ant 로 끝나는 형용사에 대한 파생부사들

-ent → -emment

prudent 신중한 prudemment

évident 명백한 - évidemment

-ant → -amment

courant 흔한 - couramment

constant 끊임없는 - constamment

3) 부사의 기능

부사는 일반적으로 상황보어의 기능을 하며 시간, 장소 또는 양태 등을 나타낸다.

① 시간을 나타내는 부사들

시간을 나타내는 부사들은 상황보어의 역할을 하는데 다음과 같은 기능을 갖는다.

a) 날짜(une date)

그저께	어제	오늘	내일	모레
avant-hier	hier	aujourd'hui	demain	après-demain

Qu'est-ce que tu as fait hier? 너 어제 뭐했니?

Quel temps fait-il aujourd'hui? 오늘 날씨가 어때요?

b) 순간(un moment)

지금	이전에	곧	일찍	늦게	이제부터
maintenant	autrefois	aussitôt	tôt	tard	désormais

Il se lève tôt. 그는 일찍 일어난다.

Elle se couche tard. 그녀는 늦게 잠자리에 든다.

c) 행위의 지속 또는 빈도

아직도	오랫동안	때때로	항상	결코
encore	longtemps	quelquefois	toujours	jamais

Il travaille encore? 그는 아직도 일을 하니?

Tu as toujours faim. 너는 항상 배가 고프구나

② 장소를 나타내는 부사들

여기	저기	가까이	멀리	다른 곳에
ici	là-bas	près	loin	ailleurs

Viens ici! 이쪽으로 와!

Est-ce que c'est loin d'ici? 그곳은 여기에서 멀어요?

많이	충분히	강하게	거의	너무
beaucoup	assez	fort	presque	trop

③ 양(quantité)과 강도(intensité)를 나타내는 부사들

Il mange beaucoup. 그는 많이 먹는다.

Il aime beaucoup le football. 그는 축구를 매우 좋아한다.

Il travaille trop. 그는 너무 일을 한다.

4) 혼동하기 쉬운 부사들

① aussi vs aussi

동사나 명사 또는 대명사 뒤에 위치하여 문장의 내부에서 단순한 첨가적 요소로서 기능한다. 이때의 의미는 "~도 또한" 이다.

Paul aime le tennis, mais il aime aussi le football.

뽈은 테니스를 좋아하지만, 축구도 또한 좋아한다.

Moi, je suis étudiant, vous aussi? 나는 학생인데, 당신도 그래요?

☞ 반면, 결과를 나타내는 경우 문장 맨 앞에 사용되며 의미는 그래서 이다. 이때 문어체에서 동사와 주어대명사의 도치가 일어난다.

Il adore la chanson; aussi va-t-il souvent au concert.

그는 노래를 아주 좋아해; 그래서 콘서트 장에 자주 가

② aussi vs même

aussi는 "또한"의 의미를 갖는 반면 même는 강조의 의미로 "게다가, 심지어"라는 뜻을 포함한다.

J'aime la chanson, mais j'aime aussi la danse.

나는 음악을 좋아하지만, 무용도 좋아한다.

Il parle l'anglais, l'italien et même le français.

그는 영어, 이탈리아 그리고 심지어 프랑스어까지 말한다.

③ aussi vs si

si는 강조의 의미로 정말로 라는 뜻을 포함하는 반면 aussi는 "또한"이라는 동등성을 나타낸다.

Il est si méchant!

그는 정말 못됐어!

Il est aussi méchant que son frère.

그는 그의 형만큼 못됐어.

④ aussi vs autant

둘 다 동등성을 나타내지만 aussi는 뒤에 형용사가 오는 반면 autant뒤에는 de + 명사 또는 동사 + autant의 형태가 된다.

Il est aussi rapide que Paul.

그는 뽈 만큼 빠르다.

Il a autant de voitures que moi.

그는 나만큼 많은 차를 가지고 있다.

Il déteste autant l'anglais que le français.

그는 프랑스어만큼이나 영어를 싫어한다.

⑤ plus tôt vs plutôt

plus tôt 는 조금 더 일찍 이라는 의미로 plus tard 의 반대인 반면, plutôt 는 "그보다는 더 의" 뜻이다.

Tu dois te lever plus tôt pour prendre le train.

기차를 타기 위해서는 조금 더 일찍 일어나야 해

Prenez le bateau plutôt que l'avion.비행기보다. 차라리 배를 타세요.

⑥ bien tôt vs bientôt

bien tôt는 아주 일찍 의 의미로 bien tard의 반대의 뜻인 반면 bientôt는 곧 이라는 의미이다.

Il est 9 h et le film commence à 11 h. Tu es arrivé bien tôt.

지금 9시고 영화는 11시에 시작해. 너 너무 일찍 도착했구나.

J'espère qu'on se verra boentôt. 우리가 곧 다시 만나길 바래요.

⑦ très vs trop

très는 형용사 또는 부사를 동반하며 강조의 뜻을 나타내는 반면, trop는 형용사, 부사 또는 동사와 함께 쓰이면서 "과도, 지나침"의 뜻을 나타낸다.

Je suis très heureux de vous rencontrer.

당신을 만나 뵙게 되어 매우 기쁩니다.

Il fume trop. 그는 담배를 너무 많이 핀다.

⑧ 지속성을 표현하는 경우 : 제한된 지속성

지속성은 처음과 끝을 갖는데 주로 전치사가 선행하는 보어에 의해 나타내진다.

a) pendant

지속성을 나타내는 명사가 뒤에 올 수 있다.114)

Qu'est-ce que tu vas faire pendant les vacances?

방학 동안에 뭐 할 거니?

b) pour

앞으로 다.가올 순간을 나타내는데 행위의 출발점과 기간을 표시한다.

Je reste à Rome pour une semaine.

---

114) 전치사는 다음과 같은 경우 사용되지 않을 수 있다.

a) 보어가 숫자인 경우 - J'ai dormi pendant deux heures.J'ai dormi deux heures. 나는 두 시간 동안 잠을 잤다.

b) 보어가 시간을 나타내는 표현인 경우, 형용사 tout(e)가 지속성을 강조할 때

• Il a travaillé(pendant) toute la nuit. 그는 밤새 일을 했다.

• Il a pleuré(pendant) toute la journée. 그는 하루 종일 울었다.

지금부터 일주일 동안 나는 일주일 예정으로 로마에 머무를 것이다.

Il a loué une maison pour deux mois.

그는 두 달 동안 집을 빌렸다.[115)]

c) en[116)]

어떤 행위가 현실화되기 위해 필요한 시간을 보여주는 숫자로 된 시간의 보어가 뒤따른다. en을 동반하는 동사는 항상 완료 상태를 나타낸다.

Il a terminé son devoir en vingt minutes.

그는 그의 숙제를 20분에 걸쳐 끝냈다.

d) dans

• 미래에 구체적인 순간(dans + 숫자로 된 기간)

Il va arriver dans cinq minutes.

그는 5분 뒤에 도착할 거야.

Je vais partir dans deux jours.

나는 2틀 뒤에 떠날 거야.

• 미래에 조금 더 막연한 순간(dans + 시간의 부사)

Je vous téléphonerai dans quelques jours.

며칠 뒤 당신께 전화할 게요.

• 대략적으로 한정되어 있는 지속성 안에서 미래의 한정되지 않은 순간

---

115) pendant과 pour를 혼동하지 말 것

• Il a travaillé pendant vingt ans dans cette compagnie. 그는 이 회사에서 20년 동안 일했다(20년 동안 일을 했고 이제는 일을 하지 않는다).

• Je lui ai demandé de travailler avec moi pour un ans. 나는 그에게 일년 동안 나와 일을 하자고 요구했다(예정).

116) en과 pendant의 차이

• Le bébé s'en endormi en cinq minutes. 아기는 5분이 지나자 잠이 들었다.

• Le bébé a dormi pendant dix heures. 아기는 10시간 동안 잠을 잤다.

Le facteur va venir dans la matinée.

우체부가 아침나절에 올 거야.

• 과거의 어느 순간 : 이 경우에 dans은 pendant의 의미를 갖는다.

Il a fait beaucoup d'erreurs dans sa jeunesse.

그는 젊은 시절 실수를 많이 했다.

⑨ 지속성을 표현하는 경우 : 정해지지 않은 지속성

시작의 시점은 정해져 있으나 행위나 사건이 완료되는 시점은 정해지지 않은 경우로서 상태(état) 또는 계속되는 행위를 나타내는 시간의 표현들에 의해 표시된다.

a) depuis + 시간의 표현(숫자, 부사, 날짜, 사건)[117)]

J'habite à Paris	depuis	trois ans 3년 전부터
		longtemps 오래전부터
		le 6 juillet 7월 6일부터
		la mort de ma femme. 나의 아내가 죽은 후부터

b) il y a + 시간의 표현(숫자, 부사) + que

Il y a	trois mois	que	j'habiPte à Paris. 내가 파리에 산지 3개월(오래)이다.
	longtemps		

c) ça fait + 시간의 표현(숫자, 부사) + que

117) depuis가 jusqu'à와 결합하는 경우, 사건이나 행위의 지속성은 한정된다.
• Il travaille depuis le matin jusqu'au soir. 그는 아침부터 저녁까지 일을 한다.

Ça fait	un an	que	j'habite à Paris. 내가 파리에 산지 1년 이다.
	peu de temps		내가 파리에 산지 얼마 되지 않았다.

d) voilà + 시간의 표현(숫자, 부사) + que[118)]

Volià	un ans	que	j'habite à Paris.
	peu de temps		

118) depuis..., il y a ... que, ça fait ... que와 il y a는 뒤에 오는 동사의 시제에 따라 구분될 수 있다. 즉, 앞의 세 표현들의 경우 행위가 아직 끝나지 않은 경우를 나타내며 동사가 현재시제인 반면, il y a의 경우 행위가 완료된 상태를 나타내고 따라서 동사의 시제가 복합 과거를 사용하게 된다.

Il regarde la télé depuis deux heures.	그는 두 시간 전부터 TV를 보고 있다.
Il y a deux heures qu'il regarde la télé.	
Ça fait deux heures qu'il regarde la télé.	

• Il y a deux heures, il a regardé la télé. 두 시간 전에, 그는 TV를 봤다.

14. 문장의 형식

1) 의문문(la phrase interrogative)

의문문이란 답변을 요구하는 질문에 관계되는 문장이다.

① 전체의문

전체 의문이란 의문의 범위가 문장 전체에 관련되는 의문문을 의미하는데, 다음의 세 가지 형태를 취한다.

a) 억양에 의한 의문문

가장 단순한 형태로서 긍정문의 어순을 그대로 유지하면서 문장 끝에 억양을 상승시키며 의문을 나타내는 문장이다. 문어체에서 긍정문과는 의문부호에 의해 구분되며 구어체에서 가장 많이 사용된다.

On va au cinéma? 우리 극장에 갈까?

Tu pars? 너 떠나는 거야?

b) **est-ce que**에 의해 도입되는 의문문

문장 맨 앞에 est-ce que를 쓰고, 뒤에 평서문의 어순을 쓰면 되는데, 문어체와 구어체 둘 다에서 자주 사용된다.

Paul est parti. 뽈은 떠났다.

Est-ce que Paul est parti? 뽈은 떠났니?

c) 도치

주어를 동사 뒤에 위치시키는 의문문으로 문어체에서 많이 쓰인다.

ⓐ 단순도치(l'inversion simple) : 주어대명사를 동사 뒤에 위치시키면 된다.

• 주어가 인칭대명사인 경우

Tu aimes le football. → Aimes-tu le football?

너는 축구를 좋아하는 구나.

• 주어가 부정대명사 on인 경우

On veut devenir riche.→ Veut-on devenir riche?

사람들은 부자가 되고 싶어 한다.

• 주어가 중성지시대명사 ce인 경우

C'est un film d'aventure. → Est-ce un film d'aventure?

이것은 모험영화다.

☑ 유의사항

• 주어가 1인칭 단수 대명사(je)인 경우, 동사와의 도치를 피하고 대신 est-ce que 또는 억양을 통한 의문문을 사용한다.119)

Pars-je demain?* Travaille-je cet après-midi?

• 주어가 3인칭 단수 대명사(il, elle)인 경우, 두 개의 모음이 만나는 것을 피하기 위해 <t>를 발음상의 이유로 첨가한다.

Cherche-t-il son chien?

그가 그의 고양이를 찾고 있니?

A-t-elle pris l'avion? 그녀가 비행기를 탔니?

---

119) 몇몇 동사들은 je와의 도치를 허용하는 경우가 있다.

• Suis-je(être)..?Ai-je(avoir) ...?Vais-je(aller) ...? Dois-je(devoir) ..?Puis-je(pouvoir) ..? Puis-je의 경우, peux-je 대신 쓰이는데 그 이유는 두 개의 묵음의 음절이 나란히 나오는 것을 허용하지 않은 프랑스어의 발음상의 이유 때문이다.

• 동사의 시제가 복합시제인 경우, 주어는 조동사 뒤에 위치한다.

Avez-vous trouvé votre livre?

당신의 책을 찾았어요?

Est-il venu à l'école? 그가 학교에 왔니?

• 대명동사 혹은 보어대명사는 항상 문장 맨 앞에 위치한다.

Il s'est levé tôt. → S'est-il levé tôt?

그는 일찍 일어났니?

Tu me téléphones. → Me téléphones-tu?

너 나에게 전화할래?

Tu le lui as donné. → Le lui as-tu donné?

그것을 그에게 주었니?

ⓑ 복합도치(l'inversion complexe)

복합도치는 주어가 명사군 또는 인칭대명사, 대명사 on과 ce 이외의 다른 대명사인 경우에 일어난다. 이 경우, 명사 또는 대명사는 원래 위치에 있으면서 동사 뒤에 il(s), 또는 elle(s)로 되풀이 된다.

Son frère a une maison. - Son frère a-t-il une maison?

그의 형은 집을 가지고 있니?

Pierre et Marie ont une fille. - Pierre et Marie ont-ils une fille?

삐에르와 마리는 딸이 있니?

Quelqu'un est venu me moir? - Quelqu'un est-il venu me voir?

누군가가 나를 보러 왔니?

d) 다른 형태의 의문문

ⓐ 부정의문문

주로 긍정적인 답변을 요구하거나 확인 또는 동의를 구하는 경우에 사용하는데, 이 경우 답변은 si가 된다.

Il n'est pas beau? Si, il est beau.

그는 잘 생기지 않았니? 응, 잘 생겼어.

Quelqu'un n'a pas frappé à la porte? Si, je vais ouvrir la porte.

누가 문을 두드리지 않았니? 응, 내가 문을 열께

Ce n'est pas l'heure de travailler? Si, je vais à la bibliothèque.

공부할 시간 아냐? 응, 나 도서관 간다.

ⓑ 의문에 대한 강조를 나타낼 때

긍정문 끝에 n'est-ce pas, non 등을 첨가한다.

C'est intéressant, non? 이거 재미있죠, 그렇지 않아요?

Vous le connaissez bien, n'est-ce pas?

당신 그 사람을 잘 알죠, 그렇지 않아요?

ⓒ 양자택일의 의문문

ou로 연결되는 이중 의문문으로서 oui, non, 또는 peut-être 등과 같은 것으로 답변할 수 없는 것이 특징이다.

Tu aimes le football ou le tennis?

너 축구를 좋아하니 테니스를 좋아하니?

Tu viens ou pa? 너 올래, 안 올래?

② 부분의문(l'interrogation partielle)

부분 의문이란 의문이 문장 전체에 걸리는 것이 아니라 문장의 특정 요소들에 한정되는 의문을 의미한다. 답변은 oui, non과 같은 요소가 될 수 없으며 의문에 관계되는 요소들에 따라 다르다. 문장의 맨 앞에 위치하는 것은 의문사이며, 억양은 문장 끝에서 상승하는 전체 의문과는 달리 문장 끝에서 하강곡선을 그린다.

a) 의문이 관계되는 요소들에는 다음과 같은 것들이 있다.

ⓐ 주어(le sujet)

단순형	복합형
Qui va répondre à cette question? 누가 이 질문에 대답을 할래?	Qui est-ce qui va répondre à cette question?
Qui est parti? 누가 떠났니?	Qui est-ce qui est parti?
Quelle fille vient ce soir? 어떤 여자애가 오늘 저녁에 오는데?	

ⓑ 주어의 속사(l'attribut du sujet)

단순형	복합형
Qui est ton père 네 아버지가 누구니?	Qui est-ce qui est ton père?
Que devient ton ami? 네 친구는 어떻게 됐니?	Qu'est-ce que devient ton ami?
Quelle est votre adresse? 당신의 집 주소는 무엇입니까?	

ⓒ 직접목적보어(le complément d'objet direct)

Qui regardez-vous? : 사람 당신은 누구를 보고 있습니까?	Qui est-ce que vous regardez?
Que cherchez-vous? : 사물 당신은 무엇을 찾고 있습니까?	Qu'est-ce que vous cherchez?
Que fais-tu? 너 뭐하니?	Qu'est-ce que tu fais?
Lequel de ces deux livres as-tu choisi?이 두 책 중 어떤 것을 골랐니?	Lequel de ces deux livres est-ce que Tu as choisi?

ⓓ 전치사에 의해 유도되는 보어

단순형	복합형
De qui penses-tu? : 사람 너 누구에 대해 생각하니	De qui est-ce que tu penses?
De quoi parlez-vous? : 사물 당신 뭐에 대해 말을 하는 거죠?	De quoi est-ce que vous parlez?
À quelle heure part le train? 기차가 몇시에 떠나죠?	À quelle heure est-ce que part le train?

à + lequel	auquel	Parmis ces enfants, auquel vas-tu donner le cadeau?
à + lesquel(le)s	auxquel(le)s	
de + lequel	duquel	De tous ces livres, duquel as-tu besoin?
de+ lesquel(le)s	desquel(le)s	

ⓔ 상황 보어(le complément circonstanciel)

b) 부분 의문을 유도하는 단어들은 다음과 같은 것들이 있다.

ⓐ 대명사

• qui, que :

의문시되는 요소의 정체 또는 특성에 대해 묻는다.

• lequel, lesquels, laquelle, lesquelles : 여러 개의 요소들 중 선택을 내포하다.

ⓑ 한정사

• quel, quelle, quels, quelles :

의문형용사로 의문시되는 요소의 특성을 묻는다.

ⓒ 부사

- quand, pourquoi, comment, combien, où

단순형	복합형
Où vas-tu? 너 어디 가니?	Où est-ce que tui vas?
Quand reviens-tu? 너 언제 돌아올꺼니?	Quand est-ce que tu reviens?
Pourquoi Paul est-il parti? 왜 뽈이 떠났니?	Pourquoi est-ce que Paul est parti?

2) 부정문(la phrase négative)

부정문은 긍정문에 반대되는 문장으로서 부정을 나타내는 방법으로는 다음과 같은 것들이 있다.

① 전체 부정(la négation totale)

부정의 범위가 문장 전체에 해당한다.

a) non[120)]

non은 oui 또는 si에 반대되는 개념으로서 부정절 전체를 대체한다. 또한 non은 전체 의문에 대한 부정적 답변이다.

Tu pars demain? Non. =je ne pars pas demain.

너 내일 떠나니? 아니 =내일 떠나지 않아

120) 대립에서 non 또는 pas를 사용할 수 있는데, 형용사, 부사, 대명사 앞에는 pas를 쓰는 경향이 있다.

- Il adore le football, mais moi non. 그는 축구를 아주 좋아하지만 나는 아니야.
- Tu veux boire quelque chose? Non, pas maintenant. Je n'ai pas soif.
  뭐 좀 마실래? 아니, 지금은 싫어. 목이 마르지 않아.
- On va voir un film ce soir? Non, pas ce soir. J'ai rendez-vous.
  오늘 저녁에 영화 보러 갈까? 아니, 오늘 저녁은 안돼. 약속이 있어.

Il cherche encore un travail? J'espère que non.

그는 아직도 일자리를 찾고 있니?

= J'espère qu'il a trouvé un travail

b) non - plus : aussi의 부정이다.

J'aime le football, Et toi? Moi aussi. Je n'aime pas le football. Et toi? Moi non plus.

나는 축구를 좋아하지 않아. 너는? 나도 마찬가지야.

c) ne ... pas

역사적으로 문장의 부정의 기능을 담당한 것은 ne이며 pas는 ne와 가장 흔히 결합하던 요소이다. 그러나 최근 구어체에서 흔히 ne의 발음을 생략하고 pas만을 발음하는 경향이 강하다. ne .. pas의 위치는 문장의 시제에 따라 다음과 같다.

ⓐ 단순형태의 시제 : ne + 단순시제의 동사 + pas

• 현재시제

Je ne suis pas étudiant.

나는 학생이 아니다.

• 단순미래

Je n'irai pas au cinéma.

나는 극장에 가지 않을 거야.

• 반과거

Il2 ne fumait pas.

그는 담배를 피지 않았다.

• 명령문

Ne partez pas sans moi! 나 없이 떠나지 마세요.

• 조동사 + 동사의 원형의 문장의 경우 : ne + 조동사 + pas + 동사원형[121)]

Je ne veux pas travailler.

나는 일하고 싶지 않다.

Tu ne dois pas faire ça.

너는 그것을 하면 안돼

ⓑ 복합형태의 시제 : ne+ 조동사(avoir, être) + pas + 과거분사

• 복합시제

Il n'est pas arrivé.

그는 도착하지 않았다.

• 대과거

Je n'ai pas dormi toute la nuit. 나는 밤새 잠을 안 잤다.

ⓒ ne는 항상 보어대명사 앞에 위치한다.

Tu connais cet homme? Non, je ne le connais pas.

너 저 남자 아니? 아니, 나는 그를 몰라

Tu téléphones souvent à Paul?Non. je ne lui téléphone pas souvent.

너 뽈에게 전화를 자주 하니?아니, 그에게 자주 전화하지 않아

Tu as acheté ce livre?Non, je ne l'ai pas acheté.

너 이 책을 샀니? 아니, 그것을 사지 않았어.

---

121) 부정법(l'infinitif) 문장의 경우 ne...pas의 위치는 다음과 같다.
• ne pas + 현재분사 또는 과거분사의 부정법.
Je t'ai dit de ne pas sortir tout seul. 내가 너에게 혼자 나가지 말라고 말했지
• ne pas + 원형의 조동사 + 분사(ne + 원형의 조동사 + pas + 분사)
Je regrette de ne pas avoir acheté cette voiture.
나는 이 차를 사지 않았던 것을 후회한다.
Je regrette de ne vous avoir pas rencontré plus tôt.
나는 당신을 조금 더 일찍 만나지 않은 것을 후회합니다.

d) ne ... ... ni

ⓐ 형용사와 함께

Il n'est ni jeune ni vieux.

그는 젊지도 늙지도 않았다.

Elle est ni maigre ni grosse.

그녀는 마르지도 살이 찌지도 않았다.

ⓑ 부사와 함께

Il ne parle ni beaucoup ni peu.

그는 말을 많이도 적게도 하지 않는다.

ⓒ 명사와 함께[122)]

Elle n'a ni frère ni soeur. 그녀는 남동생도 여동생도 없다.

② 부분부정(la négation partielle)

부분부정은 부정이 문장의 한 요소에만 관여하는 것으로서 제한 또는 제약의 의미를 갖는다.

a) ne .. rien 또는 rien ... ne

ⓐ 부정대명사(pronoms indéfinis) 의 부정

Tu vois quelque chose? Non, je ne vois rien.

뭐가 보이니? 아니, 아무 것도 안보여

Tu sais tout. Mais non, je ne sais rien.

너 다 아는구나. 천만에, 아무 것도 몰라

---

122) 부정관사 또는 부분관사는 생략될 수 있다.
- Je n'ai ni stlyo ni crayon. 나는 만년필도 연필도 없다.

☞ 그러나 정관사는 사라지지 않는다는 점에 유의해야 한다.
- Je n'aime ni le football ni le tennis. 나는 축구도 테니스도 좋아하지 않는다.

ⓑ 질문에 대한 부정적인 답변

Vous comprenez? Non, je ne comprends rien.

당신 이해했어요? 아니오, 하나도 이해 못했어요.

Tu regrettes de ne pas faire ça? Non, je ne regrette rien.

너 그것을 하지 않은 걸 후회하니? 아니, 전혀 후회하지 않아

◖ rien ◗의 기능과 위치

ⓐ 주어 : rien ne 가 동사 앞에 위치한다.

Rien ne m'amuse. 그 어떤 것도 나를 즐겁게 하지 않아

Rien n'a changé depuis sa mort.

그가 죽은 후에 아무 것도 달라진 게 없어.

ⓑ 직접목적보어

- 단순형태에서 ne rien은 동사 앞뒤에 위치한다.

Que faites-vous? Je ne fais rien.

무엇을 하고 있습니까? 아무것도 안해요.

Vous voulez quelque c3hose? Je ne veux rien.[123)]

무엇을 원하십니까? 아무것도 원하지 않아요.

- 복합 형태에서 ne rien은 조동사 앞뒤에 위치한다.

Tu as tout mangé? Non, je n'ai rien mangé.

너 다 먹었니? 아니 아무 것도 먹지 않았어.

---

123) quelque chose de + 불변의 형용사 →ne rien de + 불변의 형용사
• rien ne de + 불변의 형용사
As-tu trouvé quelque chose d'amusant? Non, je n'ai rien trouvé d'amusant.(Non, rien d'amusant.)
뭐 재미있는 것 좀 발견했니? 아니, 재미있는 것을 하나도 못 찾았어.

ⓒ 간접목적보어

• ne ... à / de + rien에서 ne는 동사 앞에 위치하고 나머지는 단순형태 또는 복합형태의 동사 뒤에 위치한다.124)

À quoi pensez-vous? Je ne pense à rien.

무엇에 대해 생각합니까? 아무 생각도 안 해요.

À quoi avez-vous pensé? Je n'ai pensé à rien.

b) ne - personne 또는 personne ne

ne - personne는 부정을 나타내는 부사인 ne + 부정대명사 personne의 결합 형태로서 personne는 항상 사람을 나타낸다.

ⓐ 부정대명사(pronoms indéfinis)의 부정

• quelqu'un의 부정

Est-ce qu'il n'y a quelqu'un? Non, il n'y a personne.

누구 계세요? 아니오, 아무도 없어요.

Quelqu'un a répondu? Non, personne n'a répondu.

누가 대답했어요? 아니오, 아무도 대답을 하지 않았어요.

• tous의 부정

Ils aiment tous ce cinéma? Non, personne ne l'aime.125)

그들은 모두 그 영화를 좋아했니? 아니, 아무도 그 영화를 안 좋아해

ⓑ 한정되지 않은 표현에 대한 부정

---

124) quelque chose à + 동사원형 → ne rien à + 동사원형
• Avez-vous quelque chose à dire? Non, je n'ai rien à dire. 뭐 할 말 있으세요? 아니오, 할 말이 아무 것도 없어요. Je n'ai pas grand-chose à dire.

125) Une personne aime ce cinéma.는 한 사람은 이 영화를 좋아한다는 긍정의 의미를 포함하는 반면 Personne n'aime ce cinéma는 아무도 이 영화를 좋아하지 않는다는 부정의 의미를 포함하고 있다.

• tout le monde의 부정[126)]

Tout le de est content de ce résultat?

모든 사람이 이 결과에 만족합니까?

Non, personne n'est content de ce résultat..

아니오, 아무도 그 결과에 만족하지 않습니다.

• qui에 해당하는 질문에 대한 부정적인 답변

Qui veut partir avec lui? 그와 함께 떠나길 원하는 사람이 누구니?

Personne ne veut partir avec lui.

아무도 그와 함께 떠나길 원치 않아

◖ personne ◗의 기능과 위치

ⓐ 주어 : personne ne는 동사 앞에 위치한다.

Qui s'occupe de cet e nfant?Personne ne s'occupe de cet enfant.

누가 이 아이를 돌봅니까? 아무도 이 아이를 돌보지 않아요.

ⓑ 직접목적보어

• 단순형태에서 ne personne는 동사 앞뒤에 위치한다.

Tu cherches quelqu'un?[127)] Non, je ne cherche personne.

너 누구를 찾니? 아니, 아무도 찾지 않아

---

126) tout le monde ne ... pas의 경우 부분 부정의 의미를 갖는다.
• Tout le monde regarde la télé. 모든 사람들이 TV를 보고 있다.
• Personne ne regarde la télé. 아무도 TV를 보지 않는다.
• Tout le monde ne regarde pas la télé. 모든 사람들이 TV를 보지는 않는다. = quelque personne regarde la télé(=몇 사람은 TV를 본다.)

127) quelqu'un de + 불변의 형용사 → personne de + 불변의 형용사 + ne
• ne personne de + 불변의 형용사 →
Tu as trouvé quelqu'un de sûr à ce concours? 이 대회에서 믿을만한 사람을 발견했니?
Non, je n'ai trouvé personne de sûr.(Personne de sûr n'est pas venu.)
믿을 만한 사람이 오지 않았어.

• 복합형태에서 ne + 조동사 + 과거분사 + personne

Qui avez-vous aimé?Je n'ai aimé personne.

당신은 누구를 좋아했어요? 아무도 좋아하지 않았어요.

ⓒ 간접목적보어

ne + à / de + personne 는 단순형태 또는 복합 형태에서 동사 뒤에 위치한다.128)

Donnerez-vous à quelqu'un ce cadeau? 이 선물을 누구에게 줄 거예요?

Non, je ne le donnerai à personne.

아니오, 아무에게도 주지 않을 거예요.

Avez-vous parlé à quelqu'un de ce voyage?

이 여행에 대해 누군가에게 말을 했습니까?

Non, je n'en ai parlé à personne.

c) ne ~aucune 또는 aucun(e) ~ne

aucun(e)은 불한정 형용사로 명사를 동반하거나 불한정 대명사로서 명사의 위치에 온다. 또한, aucun(e)은 남성 또는 여성의 구분이 있는 반면 항상 단수로 사용된다.

ⓐ aucun(e)은 사람 또는 사물 다. 나타내며 양(quantité)에 관한 부정이다.

Combien de chiens avez-vous?Je n'ai aucun chien

개를 몇 마리 가지고 계세요? 한 마리도 가지고 있지 않아요.

Tu connais beaucoup de filles ici? Non, je ne connais aucune fille.

너 여기 많은 여자애들을 알고 있니? 아니, 한 명도 알지 못해

---

128) quelqu'un à + 동사의 원형 → personne à + 동사의 원형
• Avez-vous quelqu'un à rencontrer? Non, je n'ai personne à rencontrer.
만나야 할 사람이 있습니까? 아니오, 만나야 할 사람이 없어요.

Tu as reçu plusieurs cadeaux d'anniversaire? Non, je n'ai reçu aucun cadeau.

너 여러 개의 생일 선물을 받았니? 아니, 어떤 선물도 받지 못했어.

ⓑ 단독으로 쓰여 질문에 대한 답변으로 쓰인다.

Avez-vous reçu des nouvelles? Aucune.

당신 소식을 들었어요? 아무 것도 못 들었어요.

◖ aucun(e) ◗의 기능과 위치

형용사 또는 대명사로서 aucun(e)은 다음의 기능을 할 수 있다.

ⓐ 주어 : **aucun ne**는 단순형태 또는 복합 형태에서 동사 앞에 위치한다.

Aucun ne me plaît.. 어떤 것도 내 마음에 들지 않아

Aucun homme n'est parfait. 어떤 사람도 완벽하지는 않다.

ⓑ 직접목적보어

- 단순형태 : ne ... aucune은 동사 앞뒤에 위치한다.

Je n'ai aucun raison d'attendre.

나는 기다릴 아무런 이유가 없어.

- 복합형태 : ne + 조동사 + 과거분사 + aucun

Il n'a expliqué aucun détail.

그는 어떠한 세부사항도 설명하지 않았다.

ⓒ 간접목적보어

ne + 동사 + à / de + aucun(e)

Tu n'as droit à aucun excuse.

넌 어떤 사과도 요구할 권한이 없다.

d) ne - nulle part 또는 nulle part - ne

ⓐ 부사적 표현으로 다음 요소들의 부정이다.

• quelque part

Tu as vu cet homme quelque part? Non, je ne l'ai vu nulle part.

너 이 남자를 어디선가 봤니? 아니, 그를 아무데서도 못 봤어.

• partout

Je le cherchais partout, mais je ne le trouvais nulle part.

나는 그를 사방에서 찾았지만, 어디서도 그를 발견하지 못했다.

ⓑ 질문에 대한 부정의 답변

Où vas-tu?Je ne vais nulle part. 어디 가니? 아무데도 가지 않아

◖ nulle part ◗의 위치

ⓐ 단순형태 : ne - nulle part는 동사 앞뒤에 위치한다.

Je cherche mes livres partout, mais je ne les trouve nulle part.

나는 내 책들을 사방으로 찾았지만 아무데도 찾을 수 없다.

ⓑ 복합형태 : ne + 조동사 + 과거분사 + nulle part

Je ne suis allé nulle part cet hiver.

이번 겨울에 나는 아무데도 가지 않았다.

e) ne - jamai

부정을 나타내는 부사 ne + 시간의 부사 jamais가 결합한 형태이다.[129)]

---

129) jamais가 미래 또는 가정의 문장에서(si 로 시작하는 문장) 홀로 쓰이면 긍정의 의미로서 언젠가의 뜻을 갖는다.

• Si jamais je deviens riche, je t'aiderai. 언젠가 내가 부자가 되면 너를 도울게.

ⓐ 다음 요소들의 부정이다.

- parfois, quelquefois, souvent

Il regarde souvent la télé, mais moi je ne la regarde jamais.

그는 TV를 자주 보지만, 나는 결코 TV를 보지 않는다.

Tu téléphones quelque fois à Paul? Non, je ne lui téléphone jamais.

너 뽈에게 가끔 전화하니? 아니, 그에게 결코 전화하지 않아

- déjà[130)]

Tu as déjà visité le musée du Louvre? Non, je ne l'ai jamais visité.

너 루브르 박물관을 이미 방문했었니? 아니, 결코 방문한 적이 없어.

- toujours[131)]

Il déjeune toujours au même restaurant?

그는 항상 같은 식당에서 점심을 먹니?

Non, il ne déjeune jamais au même restaurant.

아니, 그는 결코 같은 식당에서 점심을 먹지 않아

◖ jamais ◗의 위치

ⓐ 단순형태 : ne ~jamais는 동사 앞뒤에 위치한다.

Elle travaille bien? Non, elle ne travaille jamais.

그녀는 공부를 잘하니? 아니, 그녀는 결코 공부를 안 해

---

130) Tu as déjà vu ce film? Non, je ne l'ai jamais vu. 너 이 영화를 벌써 봤니? 아니, 못 봤어. Non, je ne l'ai pas encore vu, mais je vais voir demain. 아니 아직 못 봤어, 하지만 내일 볼 꺼야.

131) Il n'est toujours pas rentré. 그는 아직까지 귀가하지 않았어.(= Il n'est pas encore rentré) Il n'est pas toujours chez lui à cette heure. 그는 이 시간에 집에 늘 있는 것은 아냐 (=il est souvent chez lui à cette heure, mais pas réguilièrement)

ⓑ 복합형태 : ne + 조동사 + jamais + 과거분사

Je n'ai jamais rencontré cette homme.

나는 이 남자를 결코 만난 적이 없다.

f) ne - pas encore

ne - pas encore 는 부정의 ne ... pas와 시간의 부사 encore가 결합한 것으로 어떤 행위가 곧 발생할 것을 의미한다.

ⓐ déjà의 부정

Il est déjà rentré? Non, il n'est pas encore rentré, mais il va vientôt rentrer.

그는 벌써 귀가했니? 아니, 아직 귀가 안했지만 곧 귀가할거야.

ⓑ 홀로 쓰여 질문에 대한 답변

Tu as terminé le travail? Non, pas encore.

너 일을 끝 마쳤니? 아니, 아직

◖ne - pas encore◗의 위치

ⓐ 단순형태 : ne + 동사 + pas encore

Le magasin est ouvert? Non, il n'est pas encore ouvert.

상점이 열었니? 아니, 아직 안 열었어.

ⓑ 복합형태 : ne + 조동사 + pas encore + 과거분사

Je n'ai pas encore téléphoné à ma mère.

나는 어머니께 아직 전화를 드리지 않았다.

g) ne - plus

ne - plus는 어떤 사실이 과거에 발생하여 계속 진행되지 않은 것을 나타낸다.

ⓐ 다음 요소들의 부정이다.

• encore

Vous avez encore froid? Non, je n'ai pus froid.

당신 아직도 추우세요? 아니오, 더 이상 춥지 않아요.

• toujours

Tu joues toujours au football?Non, je ne joue plus au football.

너 지금도 축구를 하니? 아니, 더 이상 축구를 하지 않아

◖ ne - plus ◗의 위치

ⓐ 단순형태 : ne + 동사 + plus

Il ne fume plus. 그는 더 이상 담배를 피우지 않아

Vous aimez toujours Marie?Non, je ne l'aime plus.

당신 여전히 마리를 좋아해요? 아니오, 그녀를 더 이상 안 좋아해요.

ⓑ 복합형태 : ne + 조동사 + plus + 과거분사

Tu chantes toujours? 너 여전히 노래를 부르니?

Non, je n'ai plus chanté depuis l'année dernière.

아니, 작년부터 더 이상 노래를 부르지 않았어.

h) ne - guère

ⓐ 동사와 함께 pas beaucoup, pas souvent의 의미를 나타낸다.

Il n'écoute guère la radio.

그는 거의 라디오를 듣지 않는다.

ⓑ 형용사와 함께 pas très의 의미를 나타낸다.

Elle n'est guère contente de ce résultat.

그녀는 이 결과에 대해 거의 만족하지 않는다.

ⓒ 명사와 함께 pas beaucoup de의 의미를 나타낸다.

Je n'ai guère de temps à travailler.

나는 일할 시간이 거의 없어.

ⓓ ne - guère의 위치

• 단순형태 : ne + 동사 + guère

Je ne bois guère

나는 술을 거의 마시지 않는다.

• 복합형태 : ne + 조동사 + guère + 과거분사

Il n'a guère dormi toute la nuit.

그는 밤새 잠을 거의 안 잤다.

③ 제한의 표현 : ne - que

ne - que는 단지 = seulement의 뜻을 갖는 부사적 표현이다.

a) 단순형태 : ne + 동사 + que

Je n'aime que Marie.(=Je n'aime personne d'autre que Marie)

나는 마리만을 좋아해

b) 복합형태 : ne + 조동사 + 과거분사 + que

Je n'ai acheté que la cravate.

나는 넥타이만 샀어.

3) 감탄문(la phrase exclamative)

감탄문이란 놀라움, 찬양, 기쁨, 분노 등의 감정을 표현하는 문장이다.

① 감탄어들

남성단수	여성단수	남성복수	여성복수
quel	quelle	quels	quelles

a) 형용사

의문형용사와 같은 형태로서 동사는 흔히 나타나지 않는다.

Quelle belle femme!

정말 아름다운 여인이군!

Quel joli cadeau! 정말 예쁜 선물이군!

b) 부사

Que : Qu'il est beau!

그는 정말 잘 생겼어!

Ce que : Ce que tu es beau!

너는 정말 잘 생겼구나!

Comme : Comme elle est belle!

그녀는 정말 아름답군!

Combien : Combien je regrette de ne pas venir plus tôt!

내가 조금 더 일찍 오지 못한 것이 얼마나 후회되는지!

- si + 형용사, 부사

Il est si grand! 그는 얼마나 키가 큰지!

- tellement + 형용사, 부사

Il fait tellement froid aujourd'hui!

오늘 정말 춥군!

4) 강조

문장 안에 있는 특정 요소를 강조하는 경우에 사용하는 문장이다.

① 반복

강조하고자 하는 요소를 분리하고 대명사로 반복한다.

a) 해당하는 인칭대명사 앞 또는 뒤에 강세인칭대명사에 의한 대명사(주어 또는 목적어)의 반복

Moi, j'adore le football.

나는 축구를 정말 좋아해

Je déteste la musique classique, moi.

나는 고전 음악을 아주 싫어해

Et lui, tu le connais bien?

그럼 그 남자를 잘 알아?

Tu les connais, eux? 너 그들을 아니?

b) 해당하는 명사 앞 또는 뒤에 인칭대명사를 통해 보통명사 또는 고유명사의 반복

Pierre, tu l'as vu hier? 너 삘을 어제 봤니?

= Tu l'as vu, Paul, hier? = Tu l'as vu hier, Paul?

Ma mère, je lui téléphone souvent.

나는 어머니께 자주 전화를 드려

= Je lui téléphone souvent, à ma mère.

Du café, tu en prends tous les jours?

너 커피를 매일 마시니?

= Tu en prends tous les jours, du café?

c) 해당하는 명사 앞 또는 뒤에 중성대명사 **ça**에 의한 명사의 반복

Le cinéma, vous aimez ça? 영화를 좋아하십니까?

= Vous aimez ça, le cinéma?

② 발췌

a) C'est + ... + 관계대명사

Qui va résoudre ce problème? C'est toi?

누가 이 문제를 해결할래? 너니?

= Ce n'est pas moi qui va résoudre ce problème.

C'est moi qui ai gagné le grand prix.

대상을 받은 사람은 나야.

b) C'est + ... + que에 의해 유도되는 절

C'est à Paris que j'ai fait mes études.

내가 공부를 한 곳은 파리에서야.

Ce n'est pas pour moi que je fais ça, c'est pour toi!

내가 그것을 한 것은 나를 위한 것이 아니라 너를 위한 것이야!

c) si .. c'est parce que... 또는 si ..., c'est que ...

Si je me lève tôt, c'est parce que je peux gagner du temps.

내가 일찍 일어나는 것은, 시간을 절약할 수 있기 때문이야.

S'il n'a pas téléphoné, c'est que tout va bien.

그가 전화를 하지 않는다는 것은, 모든 것이 잘 된다는 뜻이지

세 번째 부분

문장의 유형 및 기능

1. 문장(la phrase)의 유형

1) 정의(définition)와 확인기준(critères d'identification)

문장은 우선 말을 하는 모든 화자(話者 : sujet parlant)가 창출해내고 해석할 수 있는 능력이 있을 뿐 아니라, 또한 본능적으로 단위(l'unité)와 한계(les limites)를 이해할 수 있는 단어들의 연속체(les séquences de mots)이다. 문장에 대한 일반적인 정의는 방법론적 분석의 엄격함과 연계성을 지니는 이 함축적인 인식에 근거를 두고 있다.

① 문장에 대한 올바르지 않은 세 가지 정의들

첫 번째 정의는 문장을 대문자의 철자로 시작하고 마지막에 구두점으로 한정되는 단어들의 연속체라고 규정하는 것이다. 문장에 대한 이 철자적 규정(définition graphique)은 음성학적 정의(définition phonétique)와 다른 국면을 보인다. : 하나의 문장은 두 개의 중요한 휴지(pauses)로 제한되고, 문장의 유형에 따라 다양하게 변하는 억양(intonation)으로 특징지어진다. 이 두 개의 문장에 대한 정의에다가, 전통적인 교육에 따른 또 한 가지의 문장에 대한 정의가 있는데, 바로 의미적 순서(ordre sémantique)에 따른 문장 규정이 그것이다. 즉, 문장은 <다소간 복잡한, 그러나 완전한 의미, 사상, 감정, 의지 등을 제공하는 표현> 이거나 <청자(l'auditeur)에게 있어 화자에 의해 구상되어지는 생각에 대한 완벽한 언표(énoncé)를 표현하기에 적합한 것>이다.

이 세 가지 기준들에 그 어떤 것도 진정한 문장에 대해 확실한 정의를 내리지 못한다. 철자적이고 음성적 기준들은 단어들의 연속체가 문장이

되기 위해 충분하지도, 심지어 필요하지도 않는 조건들을 구성한다. 그렇지 않다.면, 그 어떤 쓰여 지거나 말해진 연속체라도 제대로 구두점을 찍거나 두 개의 휴지에 의해 분리되고 문장적 억양을 지닌다면 문장이 될 것이다. 그리고 모든 구두점기호를 상실한 문장(현대시에서 자주 사용하는 절차)는 적어도 문장이 아니라고 적의를 해야 할 것이다.

이 기준들이 평서문에 대한 올바른 정의를 내리는데 적합한 규정들이라면, 철자적 정의나 음성학적 정의는 이미 하나의 문장으로 알려져 있는 것을 문장이라고 규정하지 못한다. 반대로, 이들에 따르면 억양곡선(contour intonatif) 과 마지막 마침표의 구두점만이 문장의 유형이나 발화적 능력을 결정하는 유일한 표식이 될 수 있게 된다.(이것에 대해서는 후에 자세히 살펴볼 것이다.). 이런 표식이 없는 Vous me rappellerez라는 단어들의 일련체는 문장의 유형(잠정적으로 평서문 또는 의문문)에 있어 결정을 내리지 못하게 되고, 의사 전달적 해석의 경우에서 역시(단언인가 의문인가, 감탄인가 아니면 기원인가?) 결정을 내리지 못하게 된다.

세 번째 기준은 <의미론적 완벽성(complétude sémantique)> 에 근거하는 것이다. 비록 문장에 대한 이 기준이 아래에서 보게 될 문장에 대한 정의에 사용된다는 것을 인정한다. 하더라도, 이 특성은 일련의 단어들의 연속체가 문장이 될 수 있는지 없는지를 결정지을 수 있는 절대적 기준이 될 수는 없다. 만일, 이 기준이 문장의 정의에 절대적 가치를 갖는다면, 우린 각 단어들이 완벽한 의미를 갖추고 있는 것으로 여겨지는 5개의 연이어 나오는 연속체에 대해 어떻게 설명할 수 있겠는가 :

- Il fait froid. Or je suis frileux. Je ne viendrai donc pas. Mais, vous ne m'en vousdrez pas. Je le sais.

우리는 위의 문장을 완벽한 의미의 하나의 문장으로 만들 수 있다.

- Comme il fait froid et que je suis frileux, je sais que vous ne m';en voudrez pas si je ne viens pas.

사실, 단어들의 연속체가 문장을 이루게 하는 것은 내용의 완벽성이 아니다. 이것은 하나의 사진을 사진이 보여주는 장면이나 풍경의 완벽한 특성으로 정의내리는 것이나 마찬가지이다. 반대로, 모든 의미는 화자의 의지나 의사전달의 필요성에 따라 확장되어질 수 있는 문장의 형식적 틀 안에서 코드화(encoder) 될 수 있다.는 사실을 통해 완벽성의 특성을 얻을 수 있다.

- Lus est venu. → Luc est venue hier → Lus est venu hier matin → Luc est venu hier matin avec Jean. → Lus est venu hier matin avec Jean pour prendre de tes nouvelles.

② 통사적 정의(Une définition syntaxique)

이제 문장의 정의에 대한 4번째 기준이 남아 있는데, 이것은 최근 학교에서 배우는 문법을 통해 어느 정도 숙지되고 있는 사항으로서, 문장을 문법적 단어들의 집합(assemblage de mots grammatical), 즉 문장 구문의 규칙에 합당한 단어들의 집합으로 보는 것이다.

문장들은 어떤 특정한 방식으로 정렬된 단어들의 연속체들로서, 이 단어들은 각자 어떤 관계로 연계되어 있는데, 이 관계란 문법규칙과 특정한 의미를 갖게 하는 것이다.

좀더 구체적으로, 문장은 완벽하고 자치적인 상위구조(unité supérieure)를 구성하는데, 이것들은 형태-통사적 규칙의 전체를 통해 묘사되어질 수 있다. 문장은 스스로는 하나의 구성성분(un constituant)이 될 수 없는 구성성분들로 이루어져 있는데, 문장은 상위순서의 통사적 구문에 포함되지 않으며 그래서 정상적인 의미에서 문법적 기능을 갖지 않는다. 이 두 가지 특성은 문장으로 하여금 문법적 기능이라는 관계조직과 언표(énoncé)의 통상적 구조를 구성하는 단순 단위(언표의 일부 : une partie du discours))의 계층과 복합단위(단어군 : groupes de mots)을 보여주고 기술할 수 있는 내부 틀 속에 있게 해 준다.

하나의 문장이 분포(distribution)을 가지고 있지 않는다고 해서 문법적 관계들이 하나의 문장의 경계를 넘어서 확장될 수 없다.는 것을 의미하지는 않는다. 특히, 조응소(anaphorique)와 그의 선행사(antécédent)가 앞선 문장에 위치해 있을 경우가 이에 해당한다. 조응소 : 일반적 개념으로 어떤 텍스트에서 앞에 있는 요소를 받는 것으로 정의된다. 이처럼 문장들의 텍스트 통합에 기여하는 공지칭(coréférence)의 관계는 문장이 순수하게 통사적 결합이 더 이상 관여하지 않는 규칙들을 넘어선 영역을 나타낸다는 것에 전혀 손상을 입히지 않는다. il(s), elle(s)의 일치(l'accord)와 해석(l'interprétation)은 분명 선행사에 의해 지배될 수 있지만, 그렇다고 해서 이 대명사들이 나타난 문장의 구성에 직접적으로 영향을 끼치거나 어떠한 기능적 관계도 갖고 있지 않다.

복합문장(phrases complexes)에서 하나의 구성성분의 역할을 하는(주어 또는 보어의 구성성분) 종속절(propositions subordonnées)은 다음과 같은 자치적인 문장의 기능을 하는데 적합하지 않는 것으로부터 출발한 변형된 구조이다.

Tu m'as dit que tu reviendrais / de revenir.

• Que tu reviendrais / * De revenir.

결국, 문장을 정의하는 기준들은 문장의 통사적 프로필을 필연적으로 조건짓는 것이므로, 문장의 유형(types de phrases)들도 마찬가지로 문장에 대한 인식과 확인에 대한 하나의 기준이 될 수 있다. 사실상, 문장만이 평서문, 의문문 내지는 감탄문이 될 수 있는 것이다. 문장의 차원은 술어(prédications)와 술어가 사용되어지는 기본적인 의사전달 행위의 차원을 포함한다.

2) 최소문장(la phrase minimale)과 확장문장

다음 보기에 있는 문장들은 모두 공통점이라고는 하나도 없는 것 같지만 그래도 모두 문장이다.

- Je pense, donc je suis.
- Mon collègue, Paul, de l'université de Paris VIII (누군가를 소개할 때)
- Pourriez-vous me passer le sel, s'il vous plaît?
- Un peu trop cuit, ton rosbif.
- Et ta soeur?
- Votre manteau(누군가에게 그의 망토를 주면서 말할 때)
- Ecoutez la chanson lente d'un batelier
- Une petite clef tomba sur le trottoir.

위의 문장들은 문장들의 형식적 특성이 그들의 유형에 따라 다양하다는 것을 보여준다(긍정, 의문 또는 감탄, 부정, 강조, 수동). 복잡한 문장들에서 문장구조는 같은 유형이 한 구조 내에 나타날 수 있다. 그리고 마지막으로 문맥적, 상황적 또는 문체적 변수들은 문장의 어떤 요소들이 나타나지 않게 할 수도 있다. 이런 조건에서, 문장의 전형적 구조(structure canonique)로부터 분석을 출발하는 것이 이점이 있다. 기본문장(phrase de base)이라 불리 우는 이런 구조적 도식은 간단해야 하며, 동시에 문장의 다른 구조들의 분석에 대한 모델로 사용되어질 수 있어야 한다. 프랑스어 기본문장의 구조는 단순하고(기본문장은 단지 하나의 문장구조만을 가지고 있을 뿐이다.) 중성적(부정, 강조, 수동, 감탄이 아닌)이어야 한다. 기본문장에서 단어들의 순서는 다음 공식에 해당한다. :

CC(상황보어) - 주어(sujet) -(상황보어) - 동사(verbe), 보어 / 속사 -(상황보어)

여기에서 (complément circonstaciel)상황보어란 임의적이고 유동성이 있는 상황보어를 뜻한다. 이 도식을 기본으로 모든 유형의 문장들을 기술할 수 있다. 1) - 7)의 문장들처럼 문장들이 이 도식에 합당하거나 이 도식에 직접적으로 연관되지 않거나 둘 중에 하나이다. 그 어떤 경우라도, 기본적인 문장으로부터 출발하여 또 다른 통사적 변수들(문장의 유형, 하나의 구성성분 속에 enchâssement, 생략 ellipse)에 연관되는 새로운 규칙(대체 substitution, 이동 déplacement, 삭제 effacement 과 첨가 addition)에 의해 입증되어야만 하는 변형을 통해 기술되어질 수 있다. 그러나, 만일 전형적인 모델과 주어진 문장 사이에 통사적 관계가 성립되지 않는다면, 이 문장은 이 모델로부터 시작하여 분석할 수 없는 것으로 남게 될 것이다.

1)의 최소형태라면, 1)은 반면에 근본적인 요소들(1a)에다가 임의적인 요소들의 연속적인 첨가(l'addition)의 결과로 기술할 수 있다. 그러나 다른 첨가는 문장의 계급적 구조에서 다른 단계에 놓이게 된다.

가장 기본적인 기능의 단계인 첫 번째 단계에서, 주어 명사군과 동사군 옆에, 유동성을 지닌 구성성분들이 나타나는데, 이론상으로는 그 수에 있어 무제한적이다. 전통문법에서 이런 구성성분들을 상황보어(complément circonstanciel) 이라 부른다.(4.5)

◖ Pendant des années, le chien effrayait les enfants.

gros, de la concierge, ancienne와 같은 또 다른 임의적 요소들은 명사군에 직접적으로 나타나던가, 아니면 명사군 내에 이미 삽입된 임의적 요소들 안에 나타난다. :

5b) Le gros chien effrayait les enfants.

5c) Le gros chien de la concierge effrayait les enfants.

5d) Le gros chien de l'ancienne concierge effrayait les enfants.

이 요소들의 분포는 이들의 기능(부가사, 명사의 보어, 명사의 변형사들) 은 확장된 명사군(VI : 4)에서 자세히 살펴볼 것이다.

• 마지막으로, 확장된 문장의 동사군은 동사와 그의 보어 이외에, 부사 또는 전치사 유형의 임의적인 요소를 포함할 수 있다.

어떤 문장이 최소문장인지 아니면 확대문장인지를 구분하는 통사적 방법에는 다음과 같은 것들이 있다.

• 대체(la substitution)

Ce matin, le directeur de l'usine reçoit les délégués syndicaux.

위 문장에서 어떤 단어들의 연속체는 하나의 단어로 대체될 수 있다.

a) ce matin - demain

le directeur de l'usine - il

de l'usine - adjoint

l'usine - Renault

les délégués syndicaux - Jean

b) reçoit les délégués syndicaux - éternue

directeur de l'usine - patron

délégués syndicaux - employés

이 다른 연속체들을 하나의 단어로 대체하는 것은 문장의 전체 틀은 변하지 않는 범위내에서 이것들은 한 단어와 같은 특성을 가지고 있는데, 결국 하나의 복합된 통사적 단위라는 것을 보여준다.

a) 에서 재구성된 통합체들은 전통문법에서 잘 알려진 기능군에 해당한다. : 상황보어, 주어, 명사의 보어, 그리고 직접목적보어. 반면에 b)에서 재구성된 통합체들은 전통적인 분석에서는 대체될 수 있는 것이 아니다. : reçoit les délégués syndicaux는 동사와 그의 보어로 재구성된 동사군이고, directeur de l'usine 와 délégués syndicaux 는 확장된 명사(군) groupes du nom expansé 이라고 불리는 통합체이다. 이런 임의적인 확장에서 앞에 있는 명사로서, 명사군과 단 하나의 명사 사이에 직접적인 재구성의 단계를 구성한다.

◖ 삭제(effacement)와 첨가(addition)

① 문장의 두 개의 연속체들은 삭제할 수 있다. : ce matin과 de l'usine.

이것은 정의에 따라 임의적인 구성성분에 관한 것이다. : 상황보어와 명사의 보어. 임의적 특성으로서의 삭제와 첨가는 그래서 이 두 개의 통합체의 전체적인 것으로 나타나며, 독립적으로 서로를 삭제할 수 없는 이들의 구성성분 단위 각자에는 적용할 수 없다.

통사적 생략(ellipse syntaxique)은 단지 드러나지 않은 요소를 언어학적 문맥으로부터 출발하여 통사적으로 그리고 의미적으로 다.시 살릴 수 있는 통합체인 삭제의 특별한 하나의 경우일 뿐이다. 예를 들어 답변을 할 때 우린 항상 질문에 의해 이미 표현된 분할체의 경제성을 감안한 삭제된 문장들을 빼고 한다.

② Où vas-tu? À la gare.(=전치사군 : groupe prépoisitionnel)

③ Tu te diriges vers où? Vers la gare.(GP) / La gare(명사군 : GN)

역으로, 주어진 문장은 et를 통해 등위적인 요소들의 첨가에 의해 확장되어질 수 있다. 이 작업은 문장이 기능적 단위들(단어들 또는 통합체들)을 포함했을 때만 가능하다. 다른 말로 하면, 이 등위를 이용할 수 단어들의 유일한 연속체는 통합체의 특성을 갖는 것들이다.

5. Il a commandé un fromage et un dessert.

6. Je pense aller à Paris et y rester quelques jours.

7 C'est une personne très gentille et fidèle en amitié.

8. Il m'a parlé de ses études et de ses projets d'avenir.

9. * Les pipes de et les livres de Luc seront vendus aux enchères.

5-8)까지의 문장들은 상대적으로 같은 기능을 하는 명사군, 동사군, 형용사군, 그리고 전치사군들이 등위적으로 연결된 것이다. 9) 문장은 비문법적인데, 그 이유는 이 문장에서 통합체들이 아닌 두 개의 연속체들이 등위적으로 연결되어져 있기 때문이다. (les pipes de 와 les livres de).

◖ 이동(déplacement)

2)번 문장을 다시 살펴보자.

10) Ce matin, le directeur de l'usine reçoit les délégués syndicaux.

자연스럽게 유용성을 가지고 있는 유일한 연속체는 상황보어군인 ce matin인데, 이것은 문장에서 세 위치에 올 수 있다. : 문장 맨 앞, 문장 맨 끝 그리고 주어 명사군과 동사군 사이 그리고 동사와 목적어명사군 사이에도 올 수 있다. 유동성(mobilité)의 관점에(대체와 삭제에서처럼) 이 연속체는 하나의 통사적 단위처럼 행동한다고 말할 수 있다.

10)의 또 다른 사열(séquence)은 이동의 규칙을 따르는데, 단 그들의 통합체의 정체를 명백하게 할 수 있는 조건하에서만 가능하다.

수동적 구문에서 10)의 해석은 주어와 목적어라는 명사군들의 교체를 초래하게 된다.

Ce matin, les délégués syndicaux sont reçus par le directeur de l'usine.

또 다른 한편으로, 통합체를 갖는 사열만이 해당하는 인칭대명사의 형태로 반복되면서 문장의 나머지와 오른쪽과 왼쪽으로 분리되어질 수 있다.

Ce matin, le directeur de l'usine, il reçoit les délégués syndicaux.

= Ce matin, les délégués syndicaux, le directeur de l'usine les reçoit.

또는, 강조구문인 c'est ... qui/ que 구문을 이용해 문장의 맨 앞으로 나올 수 있다. :

C'est ce matin que le directeur de l'usine reçoit les délégués syndicaux.
= Ce matin, c'est le directeur de l'usine qui reçoit les délégués syndicaux.
= Ce matin, ce sont les délégués syndicaux que le directeur de l'usine reçoit.

2. 복합문장의 유형(la phrase complexe)

1) 관계 종속절(la proposition subordonnée relative)

관계 종속절이란 주절(proposition principale) 에다가 단순관계대명사(qui, que, dont, où, quoi) 또는 복합관계대명사(전치사 + lequel : duquel, auquel)로 도입되는 종속절이 관계되는 문장을 일컫는다.

① 관계 종속절의 기능

a) 주절에서 이미 설명되어진 단어 또는 생각에 대한 정보를 보충하고 싶을 때

J'ai un frère. <> J'ai un frère qui a trois ans plus que moi

나는 나보다. 3살 많은 형제가 있다.

b) 관계대명사는 선행사라고 불리는 단어를 대체하는데 선행사는 다음과 같다.

- 명사

Tu as lu le livre que je t'ai prêté? 너 내가 너에게 빌려준 책을 읽었니?

- 인칭대명사 또는 지시대명사

Vous avez vu mon fils? Je l'ai vu qui jouait dans le jardin.

제 아들을 보셨나요? 당신 아들이 정원에서 노는 것을 보았어요.

Qui est votre fille? C'est celle qui a de longs cheveux.

당신 딸이 누구죠? 긴 머리카락을 하고 있는 사람이에요.

c) 관계절은 근본적으로 명사의 형용사 또는 보어 기능을 한다.

Je me suis acheté une voiture qui est jaune et rouge.(=une voiture jaune et rouge)

나는 노랗고 붉은 색의 차를 나를 위해 샀다.

Je me suis acheté une robe dont l'encolure est en V.(=une robe à l'encolure en V) 나는 목이 V자형인 옷을 샀다.

d) 주절에서 표현된 생각을 되풀이 하거나 보충하는 기능을 한다. 이 때 관계대명사는 ce qui, ce que, ce don't 등이다.

Mon fils a réussi à l'examen, ce qui m'a fait plaisir.

내 아들이 시험에 합격했는데, 그것이 나를 기쁘게 했다.

Il est déjà parti, ce que je ne savais pas. 그는 이미 떠났는데, 나는 몰랐어.

Elle a gagné le grand prix au concours, ce dont elle était contente.

그녀는 대회에서 대상을 받았는데, 그것에 만족해했다.

② 관계종속절의 위치

a) 주절 뒤

C'est un beau garçon qui attire beaucoup de filles.

그는 많은 소녀들의 관심을 끄는 잘생긴 청년이야.

Paul a pris le livre dont j'ai absolument besoin pour mon examen.

뽈은 내가 시험을 위해 꼭 필요로 하는 책을 가져갔어.

b) 주절의 내부에 삽입

Paul qui n'a ni frère ni soeur est devenu égoïste.

형제도 자매도 없는 뽈은 이기주의자가 되었다.

La voiture dont j'avais besoin s'est vendue.

내가 필요로 했던 자동차가 팔렸다.

La companie dans laquelle je travaillais est tombée en faillite.

내가 일하던 회사가 파산했다.

c) 문장 맨 앞에 위치할 수 있는데, 이 경우 c'est que + 직설법 또는 접속법, c'est de + 부정법(l'infinitif)으로서 강조의 의미를 지닌다.

Ce qui embête les étudiants, c'est que les examens sont trop difficiles.

학생들을 괴롭히는 것은, 바로 시험들이 너무 어렵다는 것이다.

Ce qui est bien avec le professeur de français, c'est de travailler sans ennuyer.

프랑스어 선생님과 좋은 것은, 지루하지 않게 공부한다는 거야.

d) 문장에서의 관계절의 위치는 선행사와 관계대명사를 가능한 한 가까이에 위치시키는 것이 일반적인 규칙인데, 단 다음의 경우 이 규칙을 따르지 않아도 된다.

• 관계대명사가 qui로 시작되고 선행사가 인칭대명사인 경우

Je les ai regardés qui jouaient au football au stade.

나는 경기장에서 축구를 하고 있는 그들을 보았다.

• 선행사가 하나 또는 여러 개의 품질형용사를 동반하는 경우

Il a acheté la voiture à rayures bleues et rouges que j'ai aimée beaucoup.

그는 내가 아주 좋아했던 파랗고 붉은 줄무늬 색의 자동차를 샀다.

• 주절은 여러 개의 관계 대명사에 의해 도입되는 관계종속절, 병립종속절 또는 등위 종속절이 뒤따라 올 수 있다.

Léon, film que Luc Besson a réalisé en 1998 et qui est sans doute le meilleur oeuvre de ses films, passe dans les salles d'exclusivité chez nous.

뤽 베쏭이 1998년에 제작하고 그의 영화들 중에서 최고 작품인 영화 레옹이 우리나라에서 개봉관에서 상영된다.

③ 관계절의 의미

주절과 종속절 사이의 관계는 항상 동일한 것은 아니며 때로는 설명적이거나 아니면 제약적이다.

a) 설명적 관계절

주절의 의미를 변화시키지 않고 삭제되어질 수 있는 관계종속절을 설명적 관계절이라고 일컫는데, 이 절 앞뒤에는 "를 넣는다"는 관계절 앞뒤에 위치하여 이 절이 부수적인 정보를 나타내는 것임을 알려주는 기능을 한다.

Arrêté par la police, le cambioleur, qui a été mis les menottes, commençait à avouer son cirime.

경찰에 체포되어 수갑을 찬 강도는 자신의 범죄를 자백하기 시작했다.

☞ 위 문장에서 관계절인 qui a été mis les menottes를 삭제 한다고 하더라도, 문장의 기본적인 의미는 변하지 않는다.

b) 제한적 관계절

주절의 의미에 변화를 주는 관계절로서, 선행사와 관계사 사이에의 부재는 이들의 관계를 더욱 강하게 한다.

Tous les gens qui ont le permis de conduire peuvent avoir le droit de conduire la voiture.

운전면허증을 가진 모든 사람들은 자동차를 운전할 권리를 갖는다.

☞ 위 문장에서의 의미는 운전면허증을 가지고 있는 사람만이 운전을 할 권리가 있다는 의미인 반면 관계절인 qui ont le permis de conduire를 삭제한 경우 모든 사람들이 운전을 할 권리가 있다는 의미가 된다.

④ 관계절에서의 동사의 시제

a) 직설법(l'indicatif)

가장 많이 사용되어지는 시제로서, 행위나 상태가 진행되어지는 것을 연대적으로 위치시킨다.

L'ordinateur que je utilise en ce moment est un modèle ancien.

내가 지금 사용하고 있는 컴퓨터는 구형이다.

Le cinéma que j'ai vu hier était assez intéressant.

내가 어제 봤던 영화는 재미있었다.

L'ami dont je t'avais parlé il y a quelques années a acheté cette maison.

몇 년 전에 너에게 말을 했던 그 친구가 이 집을 샀어.

b) 조건법(le conditionnel)

종속 관계절이 가정의 의미를 포함하고 있는 경우, 조건법을 사용할 수 있다.

Je connais une jeune infirmière qui peut prendre soin de sa santé.

나는 그의 건강을 돌볼 수 있는 젊은 여 간호사를 알고 있어.

Je connais une jeune infirmière qui pourrait prendre soin de sa santé.

나는 그의 건강을 돌볼 수도 있는 젊은 여 간호사를 알고 있어

☞ 첫 번째 문장의 경우 확실한 정보에 근거를 두고 있는 반면, 두 번째 문장은 일정한 가정(누군가가 그녀를 필요로 한다면, 혹은 그녀가 시간이 된다면 등)을 전제로 하고 있다.

c) 접속법(le subjonctif)[132)]

불확실성 혹은 주관성을 띄는 경우 관계절에서 나타날 수 있는데 특히 주관성이 주절에서 강조되어지는 경우 사용하며 다음과 같이 다양한 방식이 가능하다.

• 선행사가 무한정 명사(un, une, des..)인 경우

J'aimerais vivre dans un pays qui garantisse la liberté de tous les gens.

나는 모든 사람들의 자유를 보장해주는 나라에 살고 싶어.

☞ 모든 사람들의 자유를 보장해주는 나라의 존재에 대한 의심이 내재됨

• 의문, 부정, 제한 또는 가정의 뜻을 내포하고 있는 경우

Tu n'as personne qui puisse t'aider? 너를 도와줄 사람이 하나도 없니?

Non, il n'y a que toi qui puisses m'aider.

아니, 오직 너만이 나를 도와줄 수 있어.

Y a-t-il quelqu'un qui sache parler l'anglais?

영어를 말할 줄 아는 사람이 있을까?

• 선행사가 최상급에 의해 제약되거나 형용사가 le seul, le premier, le dernier인 경우

Ce tableau est la dernière oeuvre qu'il ait peinte.

이 그림은 그가 그렸던 마지막 작품이다.

Cet homme est le seul qui puisse acheter notre maison.

이 남자가 우리의 집을 살 수 있는 유일한 사람이야.

---

132) 어느 경우에 접속법을 써야 하는지 직설법을 써야 하는 지를 결정하는 것은 정보의 정확성 혹은 존재성에 대한 확실성에 근거한다.

• Je cherche la fille qui connaît bien ce quartier.나는 이 지역을 잘 아는 소녀를 찾고 있어.

• Je cherche une fille qui connaisse bien ce quartier. 나는 이 지역을 잘 알고 있을 소녀를 찾고 있어.

☞ 첫 번째 문장은 이 지역을 잘 알고 있는 소녀가 존재하는 것이 확실한 반면, 두 번째 문장에서는 이 지역을 잘 알고 있는 소녀가 있는지 확실히 알지 못하는 경우이다.

Marie est la plus belle femme que je connaisse.

마리는 내가 알고 있는 가장 아름다운 여인이야.

⑤ 선행사가 없는 관계절

전치사가 선행하거나 전치사 없는 대명사에 의해 유도되어지는 부정 관계절(relatives indéfinis)들이 있다.

a) 대명사는 주어이며 한정되지 않은 사람을 나타내고 동사의 일치는 항상 단수이다.

Elle a acheté beaucoup de livres pour qui veulent lire. (=à tous ceux qui veulement lire)

그녀는 읽기를 원하는 사람들을 위해 많은 책을 샀다.

b) 사물이나 추상적인 것을 나타낸다. 이 때 관계사는 의무적으로 전치사 à 또는 de가 선행하는 대명사 quoi를 써야 한다.

Je ne comprends pas de quoi il parle.

나는 그가 무엇에 대해 말을 하는지 이해를 못하겠어.

Cherche de quoi manger! 먹을 것을 찾아봐!

c) 접속법을 쓰며 "그 무엇, 그 어떤"의 의미를 갖는다.

Qui que tu sois, tu ne peux pas entrer dans ma chambre.

네가 누구이건 간에, 너는 내 방에 들어갈 수 없어.

Quoi qu'il fasse, il n'a aucune chance de gagner contre moi.

그가 무엇을 하던 간에, 나를 결코 이길 수는 없어.

2) 보어종속절(la proposition subordonnée complétive)

보어종속절이란 주절에 의존하면서 주절의 의미를 완성시키는 기능을 한다. 근본 적접속사 que에 의해 유도되는데, 이 접속사는 의미를 지니고 있지 않으며 단지 주절과의 연결어로서만 기능한다.[133)]

동사	demander	dire	proposer	conseiller	souhaiter
	suggérer	vouloir	exiger	ordonner	permettre
	accepter	attendre	préférer	refuser	défendre
	empêcher	interdire			
구	il faut	il est obligatoire	indispensable	préférable	il vaut mieux

보어종속절에서 가장 어려운 점은 접속사 que 뒤에 오는 종속절의 동사의 형태인데 보어종속절의 동사가 직설법 또는 조건법을 사용할 것인지 아니면 접속법을 사용할 것인지를 결정하는 것은 주절에 있는 동사이다.

① que + 접속법

a) 의지를 나타내는 것과 관계되는 것들

consentir à ce que	s'attendre à ce que	veiller à ce que
tenir à ce que	faire attention à ce que	s'opposer à ce que

133) 접속사 que와 관계대명사 que를 혼동하지 말아야 하는데, 접속사 que의 경우 동사에 의해 유도된다.
- Je pense qu'il a raison. 나는 그가 옳다고 생각해.

☞ 반면, 관계 대명사 que는 명사에 의해 유도된다.
- C'est le livre que j'adore. 이것은 내가 아주 좋아하는 책이야.

b) **à ce que**와 함께 구성된 의지를 나타내는 동사들

c) 감정을 나타내는 동사들

apprécier	détester	s'inquiéter	craindre
redouter	mériter	regretter	supporter

d) **être, trouver, estimer, juger** + 감정을 나타내는 형용사들

être	heureux	malheureux	triste	surpris	étonné	désolé
	stupéfait	ému	content	mécontent	ravi	

e)

trouver estimer juger	normal	anormal	drôle	bizarre	étonnant
	étrange	désolant	navrant	stupide	utile
	inutile	honteux			

f)

avoir	besoin	envie	peur	honte
	le désir	la surprise	(de) la chance	

g) 부정의 생각을 표현하는 동사들

nier	contester	démentir	douter[134)]

134) se douter que 다음에는 직설법이 위치한다.
- Je me suis toujours douté qu'il avait une grande entreprise. 나는 그가 대기업을 가지고 있다는 것을 항상 의심했었다.
- Je doute qu'il soit heureux. 나는 그가 행복하다는 것이 의심스럽다.

h) 가능성, 필요, 소망, 의심, 감정 등을 나타내는 비인칭 구문

i) 확실성의 정도

<table>
<tr><td>Il est certain</td><td rowspan="12">que</td><td rowspan="6">직설법</td></tr>
<tr><td>Il est très vraisemblable</td></tr>
<tr><td>Il est vraisemblable</td></tr>
<tr><td>Il est très(fort) probable</td></tr>
<tr><td>Il est probable</td></tr>
<tr><td>Il est assez probable</td></tr>
<tr><td>Il est assez peu vraisemblable</td><td rowspan="6">접속법</td></tr>
<tr><td>Il est peu vraisemblable</td></tr>
<tr><td>Il est assez peu probable</td></tr>
<tr><td>Il n'est pas certain</td></tr>
<tr><td>Il n'est pas improbable</td></tr>
<tr><td>Il est invraisemblable</td></tr>
</table>

<table>
<tr><td>il est possible</td><td>il est nécessaire</td><td>il faut</td><td>il est souhaitable</td><td rowspan="3">que</td></tr>
<tr><td>il est étrange</td><td>il est(a)normal</td><td>il est triste</td><td>il est amusant</td></tr>
<tr><td>il est intéressant</td><td>il est important</td><td>peu importe</td><td></td></tr>
</table>

3) 화법

① 직접화법

말을 하는 화자가 누군가가 했던 말을 단순히 되풀이하는 방식으로 : 와 ≪≫으로 구분된다.

Il m'a dit : ≪Je t'aide.≫

그는 내게 말했다. : ≪내가 얼마나 너를 찾았는데.≫

② 간접화법

보어의 형태와 도입 동사에 관련하여 간접적인 방식으로 표현하는 화법이다.

Il m'a dit qu'il m'aidait. 그는 나를 돕겠다고 내게 말했다.

직접화법의 문장에서 주절의 동사의 시제가 직설법, 미래 또는 조건법인 경우 간접화법으로 바뀌었을 때 동사의 시제에는 변화가 없다. 반면, 주절의 동사가 과거시제인 경우 직접화법에서 간접화법으로 바꿀 때 보어절의 시제에 변화가 생긴다.

간접화법을 유도하는 동사에는 다음과 같은 것들이 있다.

dit	affirmé	annoncé	déclaré	assuré	expliqué
précisé	répondu	reconnu	admis	avoué	ajouté

① 명령법 → 부정법(l'infinitif)

Il m'a ordonné : ≪Pars immédiatement.≫ 그는 내게 명령했다. : <즉시 떠나>

→ Il m'a ordonné de partir immédiatement.

② 동사의 시제변화

a) 현재 → 반과거

Il a dit : ≪Je suis content de ce résultat≫

그는 말했다. : <이 결과에 만족해>

→ Il a dit qu'il était content de ce résultat.

b) 복합과거 → 대과거[135)]

Il a avoué : ≪J'ai commis une erreur≫

그는 자백했다. : <내가 잘못을 했어>

→ Il a a voué qu'il avait commis une erreur.

그는 대답했다. : <나 파리에 막 도착했어>

→ Il a répondu qu'il venait d'arriver à Paris.

c) 단순미래 → 조건법 현재

Il a annoncé : ≪Je reviendrai bientôt.≫

그는 말했다. : <곧 돌아올께>

→ Il a annoncé qu'il reviendrait bientôt.

d) 전미래 → 조건법 과거

Il a dit : ≪Je reviendrai quand j'aurai terminé le travail≫

→ Il a dit qu'il reviendrais quand il aurait terminé le travail.

e) 근접미래(aller + 동사의 원형) → aller 의 반과거 + 동사의 원형136)

Il a dit : ≪Je vais acheter une voiture .≫

→ Il a dit qu'il allait acheter une voiture.

---

135) 근접과거의 경우 형태가 venir de + 동사의 원형에서 venir의 형태가 현재시제이므로 간접화법으로 바꾸는 경우, venir 동사를 반과거로 바꾸어야 한다.

- Il a répondu : ≪Je viens d'arriver à Paris.≫

136) 가능성을 나타내는 구문의 devoir의 현재시제 + 동사의 원형인 경우 devoir의 반과거 + 동사의 원형이 된다.

- Il a dit : ≪Je dois garder la maison ce soir.≫

→ Il a dit qu'il devait garder la maison ce sosir-là.

③ 인칭의 변화

a) 주절에서 간접목적보어 인칭대명사가 1인칭(m', nous)

• 종속절의 주어가 2인칭인 경우 Tu, vous : Tu → je, Vous → nous

Il m'a dit : ≪Tu travailles beaucoup≫

→ Il m'a dit que je travaillais beaucoup.

Il nous a dit : ≪Vous travaillez beaucoup≫

→ Il nous a dit que nous travaillions beaucoup.

• 종속절의 주어가 1인칭인 경우 Je → il

Il m'a dit : ≪Je cherche un appartement≫

→ Il m'a dit qu'il cherchait un appartement.

b) 주절에서 간접목적보어가 3인칭인 경우(à son ami, ses étudiants..)

• 종속절의 주어가 1인칭인 경우 Je - il

Il a dit à son ami : ≪Je cherche un appartement≫

→ Il a dit à son ami qu'il cherchait un appartement.

• 종속절의 주어가 2인칭인 경우 Tu, Vous - il, ils

Il a dit à son ami : ≪Tu travailles beaucoup≫

→ Il a dit à son ami qu'il travaillait beaucoup.

Il a dit à ses étudiants : ≪Vous travaillez beaucoup≫

→ Il a dit à ses étudiants qu'ils travaillaient beaucoup.

④ 장소와 시간 그리고 감탄의 표현에 변화

직접화법	간접화법
hier	la veille
avant-hier	l'avant-veille
la semaine dernière	la semaine précédente
l'année dernière	l'année précédente
aujourd'hui	ce jour-là
demain	le lendemain
après-demain	le surlendemain
la semaine prochaine	la semaine suivante
le mois prochain	le mois suivant
l'année prochaine	l'année suivante
ici	là
comme, que, quel	combien

⑤ 간접의문문

a) 인칭대명사와 소유형용사의 변화, 시제의 변화는 간접화법과 동일하다.

b) 간접의문문을 유도하는 동사들

<table>
<tr><td></td><td></td><td colspan="2">전체의문</td><td>부분의문</td><td></td></tr>
<tr><td>demander</td><td>savoir</td><td colspan="2" rowspan="2">si</td><td>où</td><td rowspan="4">주어+동사</td></tr>
<tr><td>vouloir savoir</td><td>s'informer</td><td>quand</td></tr>
<tr><td></td><td></td><td>Qu'est-ce que</td><td>ce que</td><td rowspan="2">comment</td></tr>
<tr><td></td><td></td><td>Qu'est-ce qui</td><td>ce qui</td></tr>
</table>

• 전체 의문 → si를 사용하는 경우

Il m'a demandé : ≪Tu travailles beaucoup?≫

→ Il m'a demandé si je travaillais beaucoup.

Il a demandé à son ami : ≪Tu travailles beaucoup?≫

→ Il a demandé à son ami s'il travaillait beaucoup.

Il m'a demandé : ≪Est-ce que vous allez-bien?≫

→ Il m'a demandé si j'allais bien.

Il a demandé à ses amis : ≪Est-ce que vous allez-bien?≫

→ Il a demandé à ses amis s'il allaient bien.

• ce qui, ce que 를 사용하는 경우

Il m'a demandé : ≪Qu'est-ce que tu fais?≫

→ Il m'a demandé ce que je faisais.

Il a demandé à son ami : ≪Qu'est-ce que tu fais?≫

→ Il a demandé à son ami ce qu'il faisait.

Il m'a demandé : ≪Qu'est-ce qui se passe?≫

→ Il m'a demandé ce qui se passait.

• 부분 의문

Il m'a demandé : ≪Où vas-tu?≫

→Il m'a demandé où j'allais.

Il a demandé à son ami : ≪Où vas-tu?≫

→ Il a demandé à son ami où il allait.

Il m'a demandé : ≪Pourquoi pars-tu?≫

→ Il m'a demandé pourquoi je partais.

Il a demandé à son ami : ≪Pourquoi pars-tu?≫

→ Il a demandé à son ami pourquoi il partait.

참고문헌 Bibliographies

Arrivé M., Gadet F., *La grammaire d'aujourd'hui, Guide alphabétique de linguistique française,* Flammarion, 1986.

Bénac (Henry), *Guide alphabétique des difficultés du français,* Hachette, P., 1978.

Blanche-Benveniste CL et al., *Pronom et syntaxe. L'approche pronominale et son application au français,* SELAF, 1984.

Boons J.-P et al., *La structure des phrases simples en français. Constructions intransitives,* Droz, 1976.

Borillo A et al., *Exercices de syntaxe transformationnelle du français,* A. Colin. 1974.

Carton F., *Introduction à la phonétique du français,* Bordas, 1974.

Catach (Nina), *L'Orthographe française,* Nathan, P., 1986.

Catach (Nina), *La Ponctuation,* P.U.F., P., 1994.

Davau (Maurice), Cohen (Marcel), Lallemand (Maurice), *Dictionnaire du français vivant,* Bordas, P., 1972

Drillon (Jacques), *Traité de la ponctuation française,* Gallimard, P., 1991

Duchet, J-L., *La phonétique,* PUF, 1981.

Fournier (Jean-Louis), *Grammaire française et impertinente,* Payot, P., 1992.

Gadet (Françoise) et Galmiche (Michel), *La Grammaire d'aujourd'hu i : guide alphabétique de linguistique française,* Flammarion, P., 1986

Gary-Prieur M.-N., *De la grammaire à la linguistique. L'étude de la phrase,* A.Colin, 1985.

Girodet (Jean), *Savoir les règles de l'orthographe,* Bordas, P., 1989

Huot H., *Les constructions infinitives du français.* Droz, 1981.

Jouette (André), *Dictionnaire de l'orthographe,* Nathan, P., 1989.

Marchello-Nizia (Christiane), *L'Évolution du français,* Ordre des mots, démonstratifs, accent tonique, Armand Colin, P., 1995.

Pinchon J., *Les pronoms adverbiaux* en et y, Droz, 1972.

Riegel M., *L'adjectif attribut,* Paris, PUF, 1985.

Tesnière L., *Eléments de syntaxe structurale,* Klincksieck, 1959.

Walter (Henriette), *La Phonologie du français,* Presses universitaires de France, P., 1977.

Zink (Gaston), *Phonétique historique du français,* 5e éd., PUF, P., 1986.

찾아보기

A

H

I

J

L

M

N

O

P

Q

R

S

T

V

저자 정일영

인하대 불어불문학과 졸업
프랑스 파리 8대학 대학원 졸업
프랑스 파리 8대학 박사준비과정 수료
언어학 박사학위 취득
현재 인하대학교 출강, 충북대학교 출강
EBS 수능 프랑스어 강의
저서 프랑스어 문법(공저)
프랑스어 말소리 갈(공저)
디지털로 배우는 프랑스어 회화
(Rendez-vous avec le français)
대학 프랑스어 회화
프랑스어능력시험(DELF) A1, A2, A1-Junior, A2-Junior
프랑스어능력시험(DELF) B1
기초 프랑스어
삐딱이가 본 삐딱한 세상(수필)
생활속의 프랑스어 회화
똥찌개와 까까(수필)
프랑스문화의 이해
오르세 미술관

프랑스어 문법사전

1판 1쇄 찍음 • 2007년 5월 1일
1판 1쇄 펴냄 • 2007년 5월 10일

저 자 • 정 일 영
발행인 • 정 현 걸
발 행 • 신 아 사
인 쇄 • 예지인쇄

출판등록 • 1956년 1월 5일 (제9-52호)
서울특별시 은평구 녹번동 28-36 2F
전화 (02)382-6411 • 팩스 (02)382-6401
홈페이지 • www.shinasa.co.kr
E-mail • shinasa@chol.com

ISBN 978-89-8396-572-1

정가 11,000원